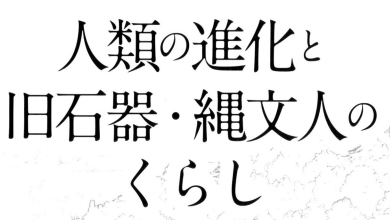

復元イラストでみる！

人類の進化と
旧石器・縄文人の
くらし

はじめに

工藤雄一郎

　人類学・考古学の復元イラストは、多くの人に過去の人類やその文化的活動の理解を助ける重要な視覚的資料であるとともに、研究の成果をわかりやすく示すものでもある。イラストレーターの石井礼子さんはこれまでそのようなイラストをたくさん描いてきた。国立歴史民俗博物館で働いていた10年間（2009〜2019年）に筆者が依頼して石井礼子さんに描いてもらったイラストは、合計56点ある。どのイラストも制作にあたってはたくさんの時間を費やしており、それらに対する思い入れも強かった。そんな石井礼子さんのイラストを、より多くの人たちに見てもらいたいと常々思っていた。

　これらのイラストを監修した者として、「どのような視点でイラストを描いたのか」を、なにかの機会にしっかりと説明しておきたいと考えていた（すでに、国立歴史民俗博物館研究報告などで詳細な解説をしているものもある）。2019年に国立歴史民俗博物館から大学に移ったことも一つの区切りであるし、私が監修したこれまでのイラストをすべてフルカラーで掲載して、根拠とした遺跡出土資料やイラストのシチュエーションなどを解説する本を出版したい、値段は安く（でもモノクロは絶対に不可！）、多くの一般読者が手に取れる本にしたい、とかなり無茶な希望を雄山閣の編集者の桑門智亜紀さんに相談したところ、快く引き受けてくれた。

　しかしながら、本の編集を進めていくうちに、いろいろ欲が出てきてしまった。石井礼子さんのイラストは私が監修したものが全てではないし、他にも素晴らしいイラストがた

くさんあるからだ（当初は私が監修したものはかなりの数になるはずだと思っていたが、全体的にみたらそれほど多くなかった…。私が監修した以外も含めると、なんと367点もあったのだ）。そこで、「せっかくだから、これまで描いたイラストを全部まとめて見られる本を作りましょう！私が全部整理してまとめます。写真がないものは全部私が撮り直します！」と石井さんに相談し、雄山閣もこの話に乗ってくれた。

　石井礼子さんのイラストといえば、やはりなんといっても国立科学博物館で多くのイラストを石井さんとともに作り上げた馬場悠男先生である。とくに、化石人類と「顔」のイラストは、馬場先生と石井礼子さんの二人三脚なくしては完成しなかった重要なイラストである。そこで、馬場先生にも本書の作成の協力を依頼したところ、二つ返事で引き受けてくれた。

　このような経緯で作成されたのが本書である。そのため、イラストの解説の仕方と解説量に違いがある点を最初に断っておきたい。私が監修したイラストの解説には、当初の予定通り、根拠となる資料や参考にした資料、写真などを合わせて紹介した。私が監修していないイラストについては、基本的にイラストのみを掲載し、それらのイラストが掲載された書籍や図録の記載を参考にしながら簡単な解説文を加えた。ただし、人類進化と顔のイラストの解説文は、馬場先生に大きく手直ししていただいている。

　筆者が馬場先生と石井さんに出会ったのは、国立歴史民俗博物館での2009年の企画展示「縄文はいつから!?」の仕事だった。

私はこの企画展示が国立歴史民俗博物館での一番最初の大きな仕事だったので、展示の準備も、図録の作成も、相当に頑張った記憶がある。馬場先生はその企画展示の外部評価委員だったのだ。馬場先生に展示室ですべての展示物の解説をし、図録も見ていただいた。このときに石井礼子さんに描いてもらった大平山元Ⅰ遺跡のイラストは、私が大学3年生のときに発掘調査に参加し、考古学へ真剣に取り組むきっかけとなった遺跡でもあり、とくに思い入れが強い遺跡である。そこで図録には「復元画はどのように？」というイラスト作成の経緯を説明するコーナーを1ページ作って、縄文草創期人と大平山元Ⅰ遺跡のイラスト作成の簡単な解説を書いた。外部評価委員だった馬場先生に、「このようにイラストの作成の視点を解説するのはあまり見たことがない。とても重要なことだ」と評価していただいたのをよく覚えている。それからというもの、イラストが完成した後には、「そ

うだ、解説を書かなければ…」と思うようになった。このことが、本書の構想にもつながっている。

人類学・考古学において、イラストのもつ力は大きい。遺跡から出土する資料は過去の人類やその文化、歴史のごく一部の断片に過ぎないが、人類学・考古学にはそれらの物的証拠を頼りにそれらのイメージを少しずつ広げていく面白さがある。イラストは、イメージを直接的に共有するのに非常に便利なツールでもある。

本書は人類学・考古学の研究に馴染みがない読者にも、大いに楽しんでいただける内容になったと思う。イラストはやはり直感的にイメージしやすいことだけでなく、石井礼子さんのイラストのもつ写実性と実証性、そしてイラストの雰囲気の柔らかさが、見るものを惹きつけるからだ。また一方で、人類学・考古学の研究に携わる読者にも役に立つ本になっていると思う。

さあ、一緒に
石井礼子さんのイラストの世界に入っていこう！
そして、われわれ人類が歩んできた道を、
日本列島に生きた旧石器人、縄文人たちの姿を
想像する旅に出かけよう！

Chapter 2

旧石器人のくらし

Chapter **3**

縄文人のくらし

Chapter 4

その後の時代

Chapter *1*

人類の進化と顔

解　説

私たちはアフリカで生まれ日本列島にやってきた

　私たち「ヒト」に最も近縁な動物はチンパンジーだが、ヒトはチンパンジーから進化したのではない。700万年以上前に、ヒトとチンパンジーの共通の祖先だった類人猿の種がアフリカの森に住んでいて、その種がヒトに進化した系統とチンパンジーに進化した系統に分かれたということである。ここでは、そのヒトに進化した系統に属するすべての種を（傍系の絶滅種も含めて）「人類」と総称することにしたい。その「人類」がどのように進化してきたか、石井礼子さんに描いてもらったイラストをみながら、その物語を紐解いてみよう。

森から草原へ

　アフリカに住んでいた人類の祖先は、およそ700万年前から「初期猿人」と呼ばれる人類になり、徐々に二つの能力を発達させた。一つは、初めは木の上で、やがて地上で、直立二足歩行をしたことである。骨盤の構造変革が証拠だ（☞20・21頁）。もう一つは、チンパンジーのように、オスどうしが争ったり、一方的にメスに迫ったりするような攻撃性を低下させたことである。犬歯が退化したのが証拠だ。その結果、オスとメスとの平和な関係が生まれ、家族らしきものが育っていった（ラミダス猿人のイラストにその様子が象徴的に描かれている。☞26頁）。

　およそ400万年前、「猿人」と呼ばれる人類は、おっかなびっくり森の外へ出ていくようになった。果物が豊富で安全な森から、食料の乏しい危険な草原に、なぜ出て行ったのか。それは、草原で得られる新たな食料資源を求めたからだろう。

　そのためには、直立二足歩行を活かした行動力と、家族が集まった群れによる防御力が必要だった。親指がほかの指と向かい合い、太い枝などの棒を握ること

9

ができたので、数頭のオスが協力すればハイエナを撃退したことだろう。草の根、硬い豆、昆虫、たまには捕食者が食べ残した死肉などを集め、みんなで分け合って食べた。子育ても協力し、個体数を増やした。硬い食物を食べるために歯と顎が拡大したが、脳容積はチンパンジーと同じ350㎤ほど、現代人の1/4だった（☞15頁）。つまり、類人猿的な雰囲気を残した顔立ちをしていたのだ（☞28頁）。なお、猿人の中でも、とくに硬い食物を食べて歯と顎を巨大にした頑丈型猿人（頑丈型猿人の姿のイラストをみてみよう。☞27・29頁）は、最終的には絶滅した。

積極的なハンター

約200万年前、「原人」と呼ばれる人類は、脚が長くなり、脳容積が拡大し（600〜1,100㎤、☞15頁）、石器を使い、さらに火を使うようになった（☞26・27頁）。それは、知恵が増し、行動域が広がり、積極的に狩りをす

ることにつながった（☞26頁）。猿人は粗雑な植物を食べていたが、原人は軟らかく消化の良い肉を食べるようになった。その結果、歯と顎は徐々に縮小し、脳に栄養が回って頭が大きくなり、人間的な顔立ちになった。

およそ180万年前、アフリカ北東部の原人の集団が、シナイ半島を通って西アジアに進出し、やがてユーラシアの温暖な地域に拡散していった。人類進化における最初の「出アフリカ」である。たとえば、ジョージアのドマニシ遺跡では、10体近くの原人化石とともに、大量の大型動物化石と（進歩的オルドヴァイ型）石器が出土している。そこは、ユーラシアとアフリカの動物たちの移動経路だったので、たやすく狩りができたのだろう。歯のない老人の骨も見つかり、介護をしたともいわれている。東アジアでは、北京原人、ジャワ原人、ホモ・フロレシエンシスなどに進化した（☞12・13頁）。

約70万年前、やはりアフリカで誕生し「旧

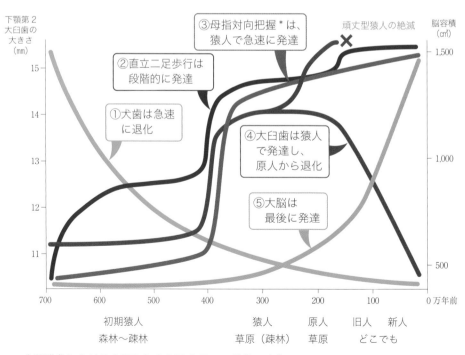

人類進化における人間らしさを示す5つの特徴の変化
＊母指がほかの4指と離れ向かいあうことで、物などを握るのに適している。

人」と呼ばれる人類は、体は原人と同じよう
だが、脳容積が大きくなり（1,200～1,500㎤、
☞15頁）、剝片を主体とする中期旧石器文化
を発展させた。歯と顎はさらに小さくなった
が、額が傾いていて、オトガイが突出してい
なかったので、顔には原始的な雰囲気が残っ
ていた（ホモ・ハイデルベルゲンシスの顔のイラ
ストをよく見てみよう。☞15・31頁）。彼らは、
数十万年前に、第2の「出アフリカ」をして、
ユーラシアの寒冷な地域まで広がった。ヨー
ロッパに進出した集団はネアンデルタール人
に、中央アジアに広がった集団はデニソワ人
になった。ネアンデルタール人も、高緯度・
寒冷地へ適応した姿とそうでない姿の顔があ
ることも注目してほしい（☞19頁）。

サピエンスの世界拡散（進出、侵略？）

　およそ30万年前には、「新人」と呼ばれる
人類、つまり私たち自身の種であるホモ・サ
ピエンスが、またしてもアフリカで誕生した。
新人は、脳容積は旧人とほとんど変わらなかっ
た、創造的思考能力を発達させたと考えら
れている。7～5万年ほど前には、新人は第
3の「出アフリカ」を行い、狩猟技術を格段
に発達させながら、ユーラシアの全ての地域
にまで広がり、オーストラリアにも広がった。
その過程で、多くの大型動物を絶滅させただ
けでなく、同じ人類種である原人や旧人の集
団をも滅ぼしてしまった。さらに、1万5,000
年前にはアメリカ大陸にも広がった。

　日本列島には、原人や旧人は住んでいな
かったが、3万8,000年前以降には、新人
の集団が、西から、南から、そして北からやっ
てきた。その新人たちが日本列島の後期旧石
器時代人となったのだ。その後、旧石器人は
縄文人へとつながっていく。

　人類進化の道程は、新しい環境で食物資源
をいかに開拓するか、そのために身体能力と
文化的能力をいかに発展させるかの繰り返し
だった。私たちの祖先の姿と暮らしの様子を
イメージするために、これらの復元イラスト
が大いに役に立つだろう。　　　　（馬場悠男）

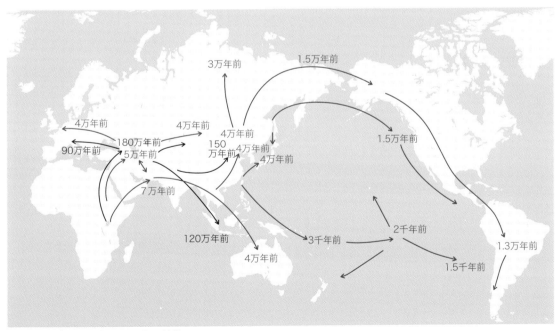

原人および新人の出アフリカと拡散
拡散の順序は、どこの地域が早いか遅いか。判断材料は、生活環境、障壁、競争相手が手強いかどうかである。
黒字・黒矢印は原人、赤字・赤矢印は新人の拡散年代と拡散経路のおおよそのイメージを示す。

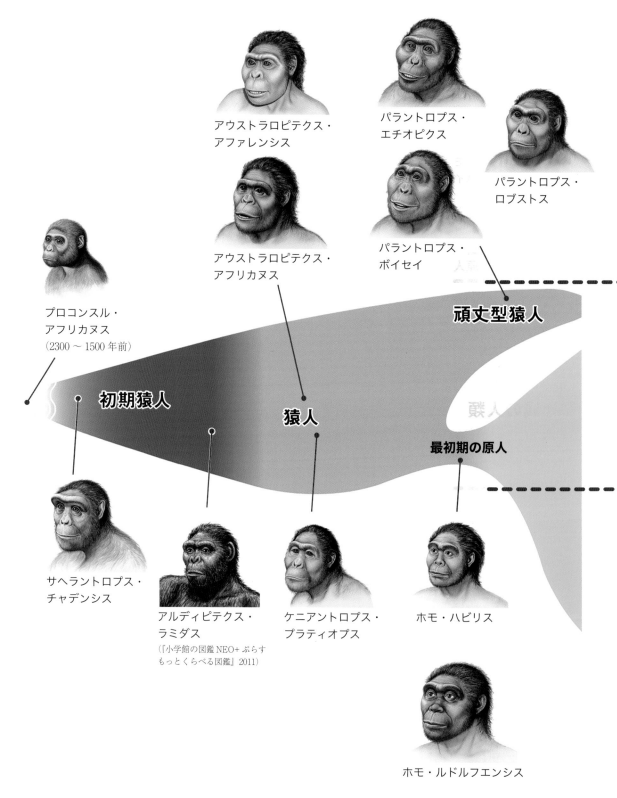

アウストラロピテクス・
アファレンシス

パラントロプス・
エチオピクス

パラントロプス・
ロブストス

プロコンスル・
アフリカヌス
（2300 〜 1500 年前）

アウストラロピテクス・
アフリカヌス

パラントロプス・
ボイセイ

頑丈型猿人

初期猿人

猿人

最初期の原人

サヘラントロプス・
チャデンシス

アルディピテクス・
ラミダス
（『小学館の図鑑 NEO+ ぷらす
もっとくらべる図鑑』 2011）

ケニアントロプス・
プラティオプス

ホモ・ハビリス

ホモ・ルドルフエンシス

700 万年前　　　　400 万年前　　　　　　　200 万年前

Outline

人類の進化と拡散の様子を、初期猿人・猿人・原人・旧人・新人の5つの進化段階と、アフリカ・アジア・ヨーロッパの地域に分けて概念図とし て表した。アフリカの原人であるホモ・エルガスターをホモ・エレクトスに含めることもある。顔の違いの詳細は28〜31頁を見てほしい。

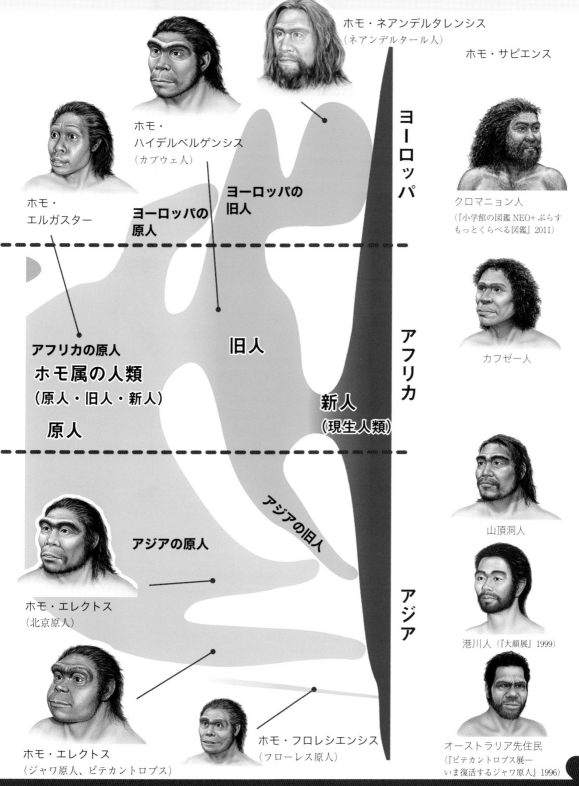

ホモ・ネアンデルタレンシス
（ネアンデルタール人）

ホモ・サピエンス

ホモ・ハイデルベルゲンシス
（カブウェ人）

ホモ・エルガスター

ヨーロッパの旧人

ヨーロッパの原人

ヨーロッパ

クロマニョン人
（『小学館の図鑑 NEO+ ぷらす もっとくらべる図鑑』2011）

アフリカの原人
ホモ属の人類
（原人・旧人・新人）

原人

旧人

新人
（現生人類）

アフリカ

カフゼー人

アジアの原人

アジアの旧人

ホモ・エレクトス
（北京原人）

山頂洞人

アジア

港川人（『大顔展』1999）

ホモ・エレクトス
（ジャワ原人、ピテカントロプス）

ホモ・フロレシエンシス
（フローレス原人）

オーストラリア先住民
（『ピテカントロプス展―いま復活するジャワ原人』1996）

100万年前　　50万年前　　5万年前　現在

（系統樹は馬場悠男原図、表示以外はすべて『人類の旅―港川人の来た道―』2007）

2 人類の身体の特徴と変化

Outline

　これらのイラストは『小学館の図鑑 NEO+ぷらす　もっとくらべる図鑑』（2011 年）の際に作成したもので、ラミダス猿人から現代人まで、7 種類の人類の身体的特徴と手に持つ道具の違いを示している。人類の進化に合わせて直立二足歩行が完成していき、脳容積の発達に伴って道具も変化していった様子が読み取れる。それぞれ手に何を持っているのかにも注目してみよう。ラミダス猿人が持つイチジクの果実はメスへのプレゼントだ。

アルディピテクス・ラミダス

初期猿人。樹上生活をしていたが、地上を二足歩行することもあった。

アウストラロピテクス・アファレンシス

猿人。確実に二足歩行をしていた。手足の作りが現代人に似てきている。

ホモ・ハビリス

原人。平原で生活するようになり、石器で動物の骨を割って骨髄などを食べていたのではと推定されている。

ホモ・エルガスター

原人。脚が長く、現代人に近い体型をしている。手には石器（ハンドアックス）を持っている。

| 約 440 万年前 | 約 390 ～ 300 万年前 | 約 240 ～ 160 万年前 | 約 190 ～ 70 万年前 |

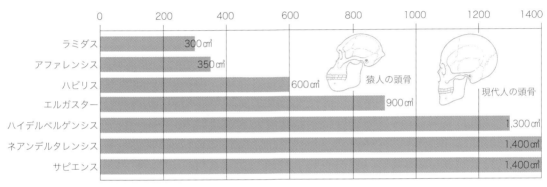

	0	200	400	600	800	1000	1200	1400

ラミダス　300㎤
アファレンシス　350㎤
ハビリス　600㎤
エルガスター　900㎤
ハイデルベルゲンシス　1,300㎤
ネアンデルタレンシス　1,400㎤
サピエンス　1,400㎤

猿人の頭骨　　現代人の頭骨

人類の進化と脳容積の変化（馬場悠男作成）脳容積はハビリスから急速に拡大し、認知機能が高まったことを示す。

ホモ・ハイデルベルゲンシス
旧人。脳容積は飛躍的に大きくなっている。石器で硬い木を尖らせた槍を持ち、集団で大型動物の狩りをしていたらしい。

ホモ・ネアンデルタレンシス
旧人。いわゆるネアンデルタール人。先端が尖った石槍を使って動物の狩りをしていた。寒冷なヨーロッパなどに適応し、筋肉隆々でずんぐりむっくりな体型。石器がルヴァロワ型尖頭器になっていないのが少し残念だ。

ホモ・サピエンス
いわゆるクロマニョン人を描いたもので、ヨーロッパの新人（われわれ現代人と同じ）。精巧に作られた石器や多彩な骨角器を用いる。

約70〜20万年前　　　　約40〜4万年前　　　　約4〜1万年前

（『小学館の図鑑 NEO＋ ぷらす　もっとくらべる図鑑』2011）

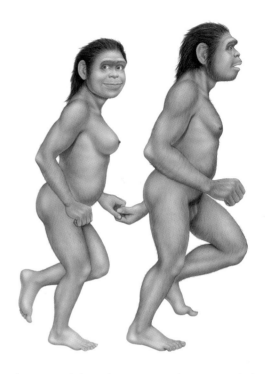

アウストラロピテクス・
アファレンシス

アウストラロピテクス・
アフリカヌス

ホモ・エレクトス（ジャワ原人、ピテカントロプス）の
男女

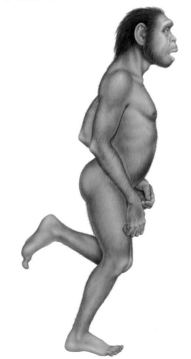

ホモ・エルガスター

ホモ・エレクトス
（北京原人）

約400万年前	約200万年前	約100万年前

Outline

「ピテカントロプス展」（1996 年）の際に描かれたもの
で、猿人から現代人までの進化の道のりを「走る姿」で
表現した。腕に比べて脚の短いアウストラロピテクス、
背の高いホモ・エルガスター、上半身が華奢な港川人な
ど、それぞれの特徴が読み取れる。

　いずれも、直立二足歩行の面では、脊柱が腰部で強く
反り返り、上半身をまっすぐに保っている。骨盤は腸骨
が幅広く腹部内臓を支え、同時に下肢全体を蹴り出す大
殿筋の付着部として役立っている。足には土踏まず（アー
チ構造）が発達し、硬い地面で体重を支えられる。ただし、
頻繁に長距離を移動したのはエルガスター以降である。

ホモ・サピエンス（港川人）

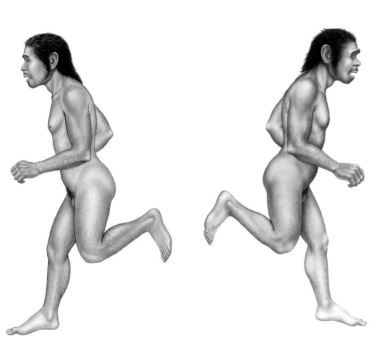

馬壩人
中国の旧人段階の化石とされた馬壩人は 2 パターンあり、左向きのマパ人は、
ピテカントロプス展の後に描かれたもの。なぜこれだけ左向きで描かれたのか
は不明。

ホモ・サピエンス（現代人）

現代

（『ピテカントロプス展―いま復活するジャワ原人』1996）

アウストラロピテクス・
アファレンシス

パラントロプス・
ボイセイ

アジアのホモ・エレクトス
（ジャワ原人、ピテカントロプス）

約400万年前　　　　　約200万年前　　　　　　　　　　　　約100万年前

アウストラロピテクス・
アフリカヌス

ホモ・エルガスター
（アフリカのホモ・エレクトス）

Outline

「ピテカントロプス展」（1996年）とは別ヴァージョンで、『イミダス特別編集　人類の起源』（1997年）の際に新たに描かれたもの。パラントロプス・ボイセイとホモ・ネアンデルタレンシス、ホモ・サピエンス（クロマニョン人）が新たに加わった。こちら側を見るアジアのホモ・エレクトス（ジャワ原人、ピテカントロプス）の女性が特徴的である。

徐々に体毛が薄くなる様子や、より俊敏に走る姿への変化などがよく表現されている。直立二足歩行の発達過程での、姿勢の表現、頭と頸との関係、眼窩上隆起の変遷、大脳と額の発達などに注目して比較すると良いだろう。

ホモ・
ネアンデルタレンシス

ホモ・サピエンス
（クロマニョン人）

ホモ・サピエンス
（現代人）

約15〜4万年前　　　　　　　約3〜2万年前　　　　　　　現代

❶ ピテカントロプスの顔

1997年の新しいヴァージョン（下）では、眼窩上隆起や体毛がやや強調して表現されている。

❷ ネアンデルタレンシスの顔

下のネアンデルタレンシスは、フランスのラ・フェラシー遺跡の化石に基づき、高緯度寒冷地適応の金髪碧眼に復元されている。

ピテカントロプス（ホモ・エレクトス、ジャワ原人）
（上『ピテカントロプス展―いま復活するジャワ原人』1996）

ホモ・ネアンデルタレンシス
（下『人類の旅―港川人の来た道―』2007）

（表示以外はすべて『イミダス特別編集　人類の起源』1997）

4 直立二足歩行の発達と人類の横顔

| 新人 | 旧人 | 原人 |

ホモ・サピエンス
（現代人）
完全な直立二足歩行を獲得している
だけでなく、長距離の移動や、長時
間の直立も可能。

ホモ・
ネアンデルタレンシス
骨格はホモ・サピエンスとよく
似ているが、がっしりとし、筋
肉隆々である。完全な直立二足
歩行を獲得している。

ホモ・エルガスター
（アフリカのホモ・エレクトス）
腕に比べて脚が長くなり、身長も
180㎝ほど。長距離の歩行や走る
ことも可能となっていたと推定さ
れる。

Outline

『46億年地球の旅』40号（2016年）に掲載されたもので、新たにアルディピテクス・ラミダス（ラミダス猿人）と、ヒトとチンパンジーの共通祖先が加わった。その他のイラストは、『イミダス特別編集　人類の起源』（1997年）の際に新たに描かれれたものが左右反転して使われている。

「チンパンジーとの共通祖先」⇒「初期猿人」⇒「猿人」⇒「原人」⇒「旧人」⇒「新人」という大まかな人類進化の流れのなかで

の、直立二足歩行の発達の様子をイラストで示している。

共通祖先は、現在の類人猿と同じように、木の上で手と足を使って移動していた。アルディピテクスは、腰を伸ばして、木の上でも地上でもしばしば直立して歩いた。人類進化のイメージとして、屈んだ姿勢から徐々に立ち上がる旧来の考え方ではなく、直立してから草原に進出したという最近の成果を表している。

猿人　　　　　　　　　　　　初期猿人　　　　　　　　チンパンジーとの共通祖先

アウストラロピテクス・
アファレンシス
頭骨の大後頭孔や骨盤の形から完全に
二足歩行に適応していたが、長距離の
歩行は無理だったと推定されている。

アルディピテクス・ラミダス
（『週刊地球46億年の旅　40　人類誕生―
サルから分岐した軌跡―』2014）
頭骨の大後頭孔や骨盤の形から二足
歩行をしていたと考えられている。

ヒトとチンパンジーとの共通祖先
（『週刊地球46億年の旅　40　人類誕生―
サルから分岐した軌跡―』2014）
樹上生活をしていた。

（表示以外はすべて『イミダス特別編集　人類の起源』1997）

様々な人類の横顔
（『ピテカントロプス展―いま復活するジャワ原人』1996）
「ピテカントロプス展」（1996年）の際に描かれたも
ので、ピテカントロプスをイメージした上のモノクロ
の線画が図録の各所にワンポイントで使用されている
（上）。図録には使われなかった各種人類の横顔もあっ
た（右4点）。

5 猿人・原人・新人のスポーツ大会

❶マラソン

直立二足歩行によって走るので、がっしりした「猿人」より細身の「新人」である現代人が有利である。同じ新人の港川人は旧石器時代の狩猟採集民であり、日頃の生活を反映して先頭を走り、テープをきったようだ。

アウストラロピテクス・
アファレンシス(左)・アフリカヌス(右)

ホモ・エレクトス(ピテカントロプス)

アウストラロピテクス

❷重量挙げ

腕力と全身の筋肉量の違いを示している。筋肉隆々のアウストラロピテクスとピテカントロプスはバーベルを持ち上げられたのに対して、現代人はもう一歩、港川人は上半身が華奢なため、バーベルを上げることすらできない。

ホモ・エレクトス（ピテカントロプス）

ホモ・サピエンス（港川人）

ホモ・サピエンス（現代人）

Outline

スポーツ競技による比較から、それぞれの
人類の身体的な特徴を表現しようとした。こ
れらは、「ピテカントロプス展」（1996年）の
際に描かれたが、図録には掲載されていない。

ホモ・サピエンス（現代人）　　　　　　　　　　　　ホモ・サピエンス（港川人）

❸ 槍投げ

アウストラロピテクスの腕は上がっていない。チ
ンパンジーと同様に上手投げは得意ではなかったら
しい。ピテカントロプスは、遠くまで槍を投げたこ
とだろう。港川人と現代人はどちらも槍を投げる姿
勢だが、港川人はやはりどこか上半身が頼りない。
それに対して現代人は、全体的にバランスのとれた
投射姿勢である。

アウストラロピテクス・アファレンシス

ホモ・エレクトス（ピテカントロプス）　　ホモ・サピエンス（港川人）　　ホモ・サピエンス（現代人）

（『ピテカントロプス展—いま復活するジャワ原人』1996。ただし、図録には非掲載）

6 ホモ・エレクトス（ピテカントロプス）の姿

ピテカントロプスの男女（上：上半身　右上：全身）（『ピテカントロプス展―いま復活するジャワ原人』1996）
1996年に国立科学博物館が開催した特別展「ピテカントロプス展」（1996年）の際に作成されたピテカントロプス（ホモ・エレクトス、ジャワ原人）の男性と女性のイラスト。眼窩上隆起が高く突き出し、額が強く傾斜する頭骨の特徴が、男性のイラストからよくわかる。顔の横幅が広く、頬骨が大きく張り出していて、頬が大きく丸顔である特徴は、正面を向いている女性のイラストから読み取れる。愛嬌たっぷり、色っぽく見えるのは、特別展の宣伝効果をねらったためである。

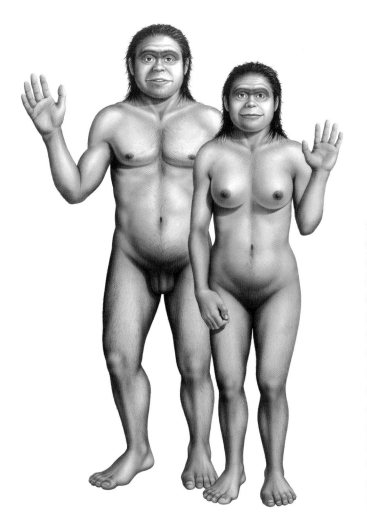

Outline

　ピテカントロプスとは、ドイツのヘッケルが未発見の祖先に付けた「サル人間」という意味の学名で、実際にジャワで化石を発見したオランダのウジェーヌ・デュボワが、その学名を採用した。今ではホモ・エレクトスに含められている。

マウンテンゴリラ vs ピテカントロプス　顔のつくりの違い（『大顔展』1999）

　1999年の「大顔展」の際に作成されたもので、両者の頭骨から復顔したイラスト。顔のつくりの違いを比較するため、真正面からみた姿で描かれている。

　ゴリラは顔が大きく食べ物を噛むための咀嚼筋が発達している。側頭筋は頭の上まで分厚く広がり、咬筋は頬を大きくふくらませている。ゴリラの咀嚼筋が出す噛む力は、現代人の10倍ほどもある。ピテカントロプスが出す噛む力は現代人の2、3倍もあっただろうが、ゴリラにはかなわない。

　ゴリラの口は前に出っ張っていて犬歯が発達しているが、ライオンなどと比べて歯根が小さく頑丈ではない。

犬歯は獲物を捕らえるためではなく、主に威嚇のための道具である。ピテカントロプスは口が現代人より少し出っ張っているが、犬歯は現代人よりやや大きい程度に退化している。

　脳容積はゴリラで450㎤ほどなのに対し、ピテカントロプスは1,000㎤ほどで、頭の中には脳がいっぱいつまっている。大後頭孔の位置は、四足歩行のゴリラでは斜め後ろを向いているが、完全に直立二足歩行をしたピテカントロプスは現代人と同じように下を向いている。表情筋は両者でほとんど変わらず、両者とも微妙な表情を表せるようになっている。

7 絶滅した化石人類たちの姿と生活風景

果物を集めてきたラミダス猿人（アルディピテクス・ラミダス）
（『週刊地球46億年の旅　40　人類誕生─サルから分岐した軌跡─』2014）
二足歩行をするようになったばかりの初期猿人であるラミダス猿人が、果物を集めてきてメスに分け与えるシーンをイメージしたイラスト。常に地上で二足歩行をしていたのではないと推定されるため、木に登っているラミダス猿人も背後に描かれている。なお、ラミダス猿人が手に持っているのはイサカマという植物の果実で、現在でもチンパンジーが最も喜ぶ果物だ。

Outline

　化石からわかる四肢骨と頭骨の特徴や、石器などの証拠に基づいてイメージされた化石人類の生活風景を描いている。

獲物を襲う初期の原人
（『NHK 日本人はるかな旅 ①　マンモスハンター、シベリアからの旅立ち』2003）
『NHK 日本人はるかな旅 ①』で、「人類がアフリカで誕生した」ことを示す扉のイラストとして使用されたもの。左の人物はチョッパーのような石器を持っていることから、初期の原人（ハビリスなど）をイメージしたものだろうか。

ラエトリの家族
（『NHK 日本人はるかな旅 ①　マンモスハンター、シベリアからの旅立ち』2003）
タンザニアのラエトリ遺跡の足跡化石の形成イメージ。火山灰が降り積もった平原を二足で歩くアウストラロピテクスの家族である。
やや覇気がない雰囲気だが、国立科学博物館の「グレートジャーニー人類の旅」展（2013年）では、より精悍なイメージの模型が作られている。

頑丈型猿人の姿 （『大顔展』1999）
いわゆる「頑丈型猿人」であるパラントロプスの全身の姿を描いたイラスト。頑丈型猿人は、何が頑丈なのかというと顔の骨（とくに頬骨と下顎骨）であり、硬い豆類や木の根などを噛み砕く方向に進化したと考えられているが、四肢骨は思いのほか華奢である。そんな姿がイラストには表現されているが、この顔と体のアンバランスさが重要な点なのだ。

火を使うホモ・エレクトス （『イミダス特別編集　人類の起源』1997）
火を使った最初の人類と推定されたホモ・エレクトスが、落雷による野火などから火種を得ていたと想定して描かれたもの。

2,300万〜
1,500万年前

プロコンスル・アフリカヌス
類人猿と人類の共通祖先とされる。口が前に突出し、
サル的な印象が残っている。体重は10〜20kg。

約700万〜
600万年前

サヘラントロプス・チャデンシス
最古の人類。額（ひたい）が真っ平で、脳は小さい。頸とつながる大
後頭孔が下を向いているので、直立していたと思われる。

約390万〜
300万年前

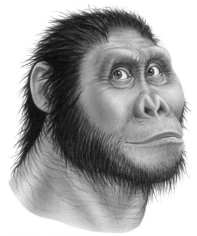

アウストラロピテクス・アファレンシス（右は『ピテカントロプス展―いま復活するジャワ原人』1996）
全身の骨が見つかっていて、直立二足歩行をしていたことがわかる。額はわずかに膨らみ、頬骨が張り出す。前歯が大きく、
口はかなり前方に突出する。鼻は隆起せず、類人猿的。右の顔では、白目が強調され人間的な印象である。ルーシーと呼
ばれる女性個体化石やラエトリの家族足跡列化石が有名。

Outline

　沖縄県立博物館開館記念展「人類の旅」展
（2007年）の際、人類と類人猿との共通祖先
と考えられているプロコンスル・アフリカヌ
スを含め、現在最古段階の人類化石であるサ
ヘラントロプス・チャデンシスからホモ・サ
ピエンス（カフゼー人、山頂洞人）まで、合計
18の「顔」のイラストが作成された。

　また、アウストラロピテクス・アファレ
ンシス（右側を向いているもの）とホモ・サピ
エンス（オーストラリア先住民、☞31頁下）は、
国立科学博物館特別展「ピテカントロプス
展」（1996年）のときに描かれたが、人類進
化に関わる「顔」のイラストとして、ここ
でまとめて紹介する。

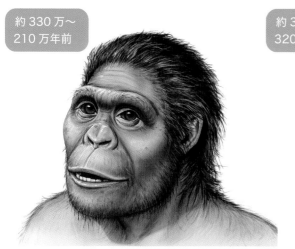

約330万～210万年前

アウストラロピテクス・アフリカヌス
ほかの猿人と同様に眉の部分の隆起が発達する。額はアファレンシスよりはやや膨らんでいる。臼歯が発達し、顔の幅が広い。

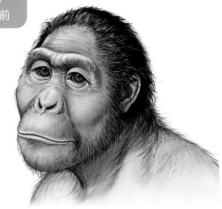

約350万～320万年前

ケニアントロプス・プラティオプス
頬から上顎にかけての顔が平らである。臼歯が小さいので、口はあまり突出しない。「人類の旅」展では展示のみで図録には載っていない。

約270万～230万年前

パラントロプス・エチオピクス
顎と歯が大きなパラントロプスの中では、顔の幅がややせまく、口が突出している。「人類の旅」展では展示のみで図録には載っていない。

約220万～100万年前

パラントロプス・ロブストス
頬骨が発達し、顔の幅が極めて広い。頬骨に対して鼻骨と上顎骨上部がやや凹んでいるので、「皿状の顔」と言われる。

約250万～120万年前

パラントロプス・ボイセイ
パラントロプスの仲間は頑丈型猿人ともいわれ、咀嚼筋（側頭筋・咬筋）が発達し、頬骨・上顎骨・下顎骨が大きく、巨大な臼歯で硬い種や根茎類あるいは繊維質の草などを噛み砕いたと考えられる。ゴリラのように、側頭筋が頭全体を覆い、頭頂正中部の矢状稜に着くこともパラントロプスに共通である。ボイセイでは、とくに顔が上下に長く、下顎骨に付く咬筋が発達していて噛む力が強く、「くるみ割り器」にたとえられる。

（表示以外はすべて『人類の旅―港川人の来た道―』2007）

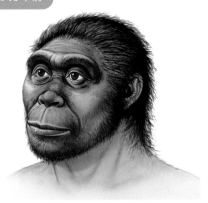

約 240 万～
160 万年前

約 200 万年前

ホモ・ハビリス
脳容積がやや大きくなり、歯と顎が小さくなった。「人類の旅」展（2007 年）の際に描かれた一連のイラストでは、原人から白眼が入っていて、「人間らしさ」を強調している。

ホモ・ルドルフエンシス
ホモ・ハビリスと同時期の人類で、脳容積も歯もハビリスよりは大きい。ハビリスとルドルフエンシスは、猿人から進化した初期の原人の仲間と考えられる。

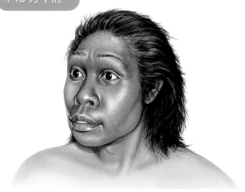

約 170 万～
140 万年前

約 120 万～
10 万年前

ホモ・エルガスター
アフリカのホモ・エレクトス。脳容積は現代人の 2/3 ほどだが、身長は 180 ㎝もあり、脚が長い。ケニアで発見されたトゥルカナ・ボーイと呼ばれる化石が有名。

ホモ・エレクトス（ジャワ原人、ピテカントロプス）
デュボワによって発見され、ヒトがサルから進化したことを実証した模式化石標本を含む原人の仲間。側頭筋と咬筋が発達し、噛む力は現代人の 3 倍以上とも言われる。

約 46 万～
23 万年前

約 80 万～
5 万年前

ホモ・エレクトス（北京原人）
ジャワ原人と同時代に、北東アジアに住んでいた原人の仲間。ジャワ原人に比べると、顔が狭く、歯と顎は小さい。額がやや丸く、脳容積も大きめ。

ホモ・フロレシエンシス（フローレス原人）
身長 110 ㎝、脳容積 420 ㎤の超小型原人。初期のジャワ原人の仲間がフローレス島に漂着し、小型化したらしい。小型ゾウの子供を狩り、石器で解体していた。

約70万〜
20万年前

約40万〜
4万年前

ホモ・ハイデルベルゲンシス（カブウェ人）
アフリカのザンビアで出土。眼窩上隆起が発達し原人のように見えるが、脳容積は1,300㎝もありサピエンスに近い。身長は180㎝ほどで、骨盤や大腿骨も大きく頑強だった。

ホモ・ネアンデルタレンシス（ネアンデルタール人）
全身が幅広く頑丈。脳容積はサピエンスとほぼ同じだが、末期の個体ではサピエンスよりやや大きい。鼻が大きく顔の中央部分が前に突出している。色白だったらしい。

約9万年前

約2万年前

ホモ・サピエンス（カフゼー人）
イスラエルのカフゼーで出土。眼窩上隆起は弱く、額は広い。10万年前に、アフリカからユーラシアに広がろうとしたが、ネアンデルタール人に押し戻されたらしい。

ホモ・サピエンス（山頂洞人）
現代東アジア人の直接の祖先。眼窩上隆起は弱いが、顎はしっかりしている。「人類の旅」展の際に描かれたものだが、図録には掲載されていない。

約1万年前

ホモ・サピエンス（オーストラリア先住民）
（『ピテカントロプス展―いま復活するジャワ原人』1996）
彫りが深く頑丈な顔は、6万年ほど前にアフリカにいたサピエンスの面影を保っていると考えられる。「ピテカントロプス展：いま復活するジャワ原人」（1996年）で描かれた。

●眼を描く

　類人猿の眼では、白眼が褐色なので視線の方向がわかりづらい。

　「人類の旅」展（2007年）の一連のイラストでは、原人段階のホモ・ハビリスから白眼になっており、より人間らしさを感じさせる。アウストラロピテクス・アファレンシスは、「人類の旅」展と「ピテカントロプス展」（1996年）で、頭骨の特徴から描かれた「顔」の特徴はほぼ同じだが、白眼の有無が違う。眼の違いだけで印象が大きく異なることが理解できる。

（表示以外はすべて『人類の旅―港川人の来た道―』2007）

9 日本人の顔とその変遷

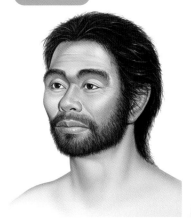 

港川人男性（旧石器時代人）
港川1号人骨に基づく復元。顔の骨の幅が広く、上下に短く、奥行きがあり、下顎骨が頑丈なのが特徴。眉間も突出している。

港川人女性（旧石器時代人）
（制作年不明）
港川4号人骨に基づく復元。「大顔展」（1999年）のあとで追加された女性のイラスト。

縄文時代人男性（中期～晩期）
顔が上下に短く四角で、立体的な顔立ちで鼻が高い。歯の噛み合わせは毛抜き状。耳飾りは透かし彫りの滑車型土製品で、縄文時代晩期のものが描かれているが、男性がつけていたかはわからない。

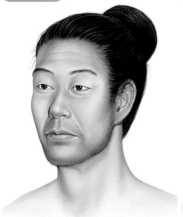

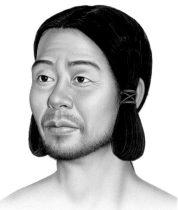

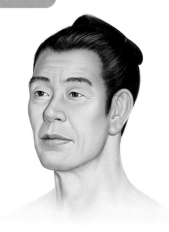

弥生時代人男性（渡来系弥生人）
大陸から渡来してきた人たちの遺伝的影響が強い。顔は長円で曲線的。全体的に平坦で鼻が低い。口がやや出っ張る。歯の噛み合わせはハサミ状。

古墳時代人男性
渡来系弥生人の影響が強いので、顔は平坦で、かなり幅広の丸四角。エラがはっている人も多い。ただし元となったのは東日本の古墳時代人骨で、やや縄文的な要素が混じる。

鎌倉時代人男性
古墳時代人に比べると、顔がやや華奢になっていった。日本人の歴史の中で、頭が前後に最も長い。

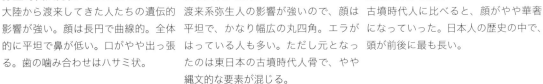

Outline

石井礼子さんのイラストの代表例が、様々な時代の「ヒトの顔」である。中でも、1999年の国立科学博物館「大顔展」の際に、港川人か

ら現代人、そして未来人まで、日本列島の各時代の顔が描かれ、時代ごとの特徴の変化がわかる。現在でも様々な図録や本に登場する。

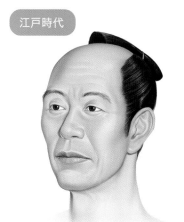

江戸時代

江戸時代人男性（庶民）
鎌倉時代以降、さらに顔が華奢になったが、庶民の顔はかなり頑丈だった。

江戸時代人女性（庶民）
やや細長くなり、長円な顔。男女ともに歯槽骨が後退して出っ歯が目立ち、歯並びの悪い人が少しずつ増えた。

江戸時代人男性（大名）
身分の高い階級では、顔が細長く華奢になっていった。現代の若者と似ている。

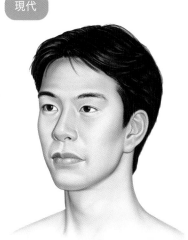

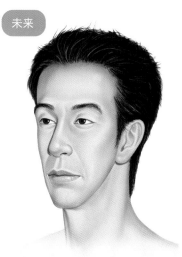

現代

未来

江戸時代人女性（華奢な庶民）
庶民でも数千人に一人くらいの割合で極めて細長い瓜実顔の人がいた。鼻筋も通っていて、浮世絵のモデルとなった顔立ち。現代人よりも華奢か。

現代人男性
戦後の50年で、急速に、若者の顔は細長く華奢に変化している。

未来人男性
現代人の顔の変化傾向をさらに延長したイメージ。顎が極端に細くなってしまうだろう。

　なお、この「顔」のイラストには、その後に追加された縄文人・弥生人・古墳時代人の女性のイラストや、同じ縄文人でもいくつかの異なるヴァージョンがあるが、ここで示した港川人女性を除く11枚は、一番最初に描かれたもの。

　港川人女性はこれまで図録や書籍に掲載されたことがなく、なぜか未公開となっていた。

（表示以外はすべて『大顔展』1999）

10 縄文人の顔と髪型

縄文人男性（縄文時代後期、船泊遺跡）
（『北の島の縄文人―海を越えた文化交流―』2000）

縄文人女性（縄文時代後期、船泊遺跡）
（『北の島の縄文人―海を越えた文化交流―』2000）

北海道の礼文島船泊遺跡から出土した、縄文時代後期の船泊縄文人の顔は、幅が広く上下に短い。盛り上がった眉間、高い鼻、立体的で四角い顔立ちは、本州の縄文人の特徴と変わらず典型的な縄文人の顔とされた。また、耳たぶが発達し、眉は太く、まぶたは二重で、目は大きく、瞳の色はやや薄く、唇が厚め、男性の髭は濃かったと推定された。船泊遺跡では貝玉の装身具が多数出土しており、女性のイラストではネックレスとして描かれている。

縄文人男性（縄文時代晩期、宮野貝塚）
（『北の島の縄文人―海を越えた文化交流―』2000）

岩手県宮野貝塚から出土した頭骨から復元されたもので、全国各地に同じような顔立ちの縄文人がいたことを示すために、船泊縄文人との比較として描かれた。縄文時代晩期の北関東の遺跡で出土した透かし彫りの大型耳飾りを身に着けているが、男性が身につけていたものかどうかは不明である。また、わずかに耳たぶが見えるが、耳にはめる部分は外側の径よりも小さいため、実際には見えなかっただろう。

縄文人女性（縄文時代後期、船泊遺跡、子供）
（『縄文文化の扉を開く―三内丸山遺跡から縄文列島へ―』2001）

「北の島の縄文人」展の際に描かれたものだが図録には掲載されておらず、2001年の企画展示「縄文文化の扉を開く」展で「縄文人の女性」として掲載されたが、本来は「子供の縄文人女性」として描かれたイラストである。

縄文人女性（縄文時代晩期）

（『日本人はるかな旅展』2001）

「日本人はるかな旅展」（2001 年）の際に「大人の女性の縄文人のイラスト」として、新たに描かれた。東北の縄文人女性をイメージして描かれたもので、顔つきの特徴は他と共通している。年齢は、左頁上段の縄文人女性よりやや若いイメージである。髪の毛には漆塗り櫛が挿さっているが、モデルとなっているのは青森県是川中居遺跡などの櫛だろう。

縄文人男性（縄文時代後期、船泊遺跡）

（『北の島の縄文人―海を越えた文化交流―』2000）

船泊遺跡では、極めて珍しいことに鼻骨が欠如した人骨が発見され、その復元イラストが描かれた。図録には掲載されていないイラストである。

縄文人女性・編み上げ風

縄文人男性・お団子風

縄文人男性・ちょんまげ風

縄文人の髪型（『イミダス特別編集　縄文世界の一万年』1997）

当時の髪型を、土偶にみられる頭部表現から推定している。左の女性の髪型は、青森県亀ヶ岡遺跡出土土偶の頭部から復元したもので、サイドを編み上げて頭頂を結った髪型である。真ん中は青森県下比良遺跡出土土偶をモデルにしており、だんご形にまとめた髪型である。右のちょんまげ風の髪型は青森県亀ヶ岡遺跡出土土偶がモデルとなっている。

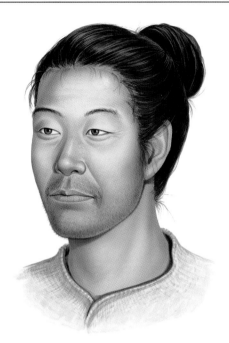

弥生時代人男性（渡来系弥生人）
「大顔展」（1999年）のイラストとほぼ同じだが、衣服が加わった。

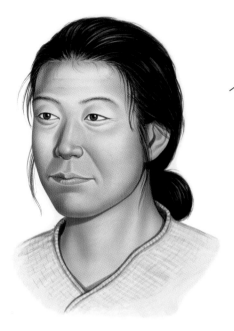

弥生時代人女性（渡来系弥生人）
（『日本人はるかな旅展』2001）
土井ヶ浜遺跡の渡来系弥生人人骨などがモデルとなっている。

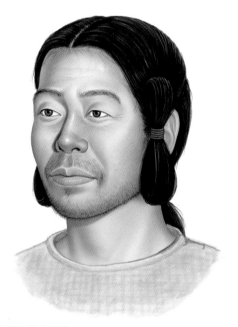

古墳時代人男性
「大顔展」のイラストとほとんど同じだが、これも衣服が加わった。

古墳時代人女性（『日本人はるかな旅展』2001）
「日本人はるかな旅展」（2001年）の際に新たに描かれたもの。

❶弥生時代人

　弥生時代人男性は、山口県土井ヶ浜遺跡出土の渡来系弥生人の男性頭骨に基づいている。「北の島の縄文人」展の際に、縄文人の特徴との対比を目的として描かれた。縄文人と対象的に、顔の骨は上下に長く、鼻の付け根は縄文人のようにくぼんでおらず、鼻の骨もひらべったい。眼窩は縄文人のように角ばらず丸くなっているなどの特徴から、面長でのっぺりとした顔立ちとして描かれている。

　弥生人女性は、2001年の国立科学博物館の特別展「日本人はるかな旅展」の際に追加して描かれたものである。

❷古墳時代人

　古墳時代人男性は、東京都羽沢台遺跡出土の古墳時代人男性頭骨などに基づいている。「北の島の縄文人」展の際に衣服を追加して新たに描かれた。渡来系弥生人が関東・東北へと、先住の縄文系の人々と混血しながら進出していった過程をイメージするためか、目の特徴は渡来系弥生人的だが、骨格はやや縄文的で、弥生時代男性（渡来系弥生人）よりも縄文系の要素を付加したイメージになっている。

　古墳時代人女性は、首に奈良県藤ノ木古墳で出土したものと類似した空玉のネックレスを身に着けている。これらも「日本人はるかな旅展」の際に追加で描かれた。

❸オホーツク文化人

　オホーツク文化人の男女は、北海道礼文島の浜中2遺跡から出土した頭骨に基づいている。上顎と下顎の骨が大きく、頬骨は横に張り出している。顔面は渡来系弥生人よりもさらに平たい。これらの特徴から、現代の北アジアの人々の顔を参考にして復元され、顔が大きく、鼻が平たく、髪は直毛で、まぶたは一重、男性も髭はほとんどない様子で描かれている。

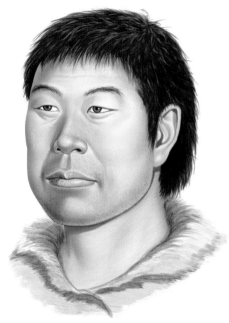

オホーツク文化人男性

オホーツク文化人女性

（表示以外はすべて『北の島の縄文人―海を越えた文化交流―』2000）

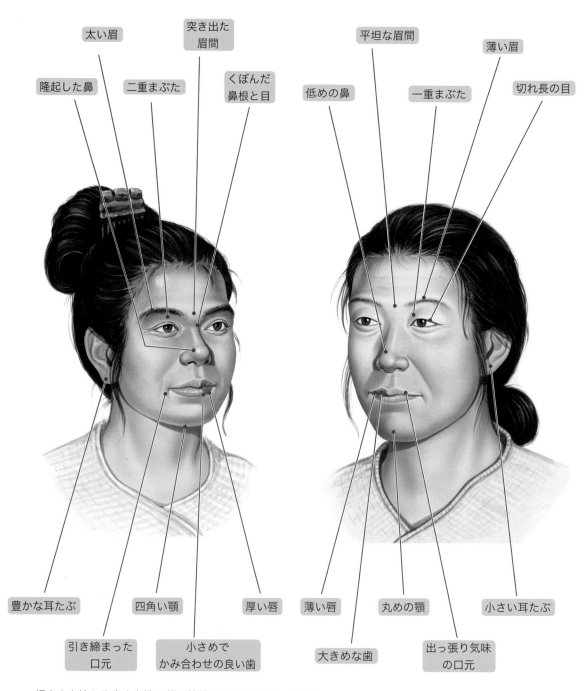

太い眉

突き出た
眉間

平坦な眉間

薄い眉

隆起した鼻

二重まぶた

くぼんだ
鼻根と目

低めの鼻

一重まぶた

切れ長の目

豊かな耳たぶ

四角い顎

厚い唇

薄い唇

丸めの顎

小さい耳たぶ

引き締まった
口元

小さめで
かみ合わせの良い歯

大きめな歯

出っ張り気味
の口元

縄文人女性と弥生人女性の顔の特徴 （『日本人はるかな旅展』2001）

Outline

　縄文人と弥生人の顔が違うのはなぜだろう。それは、それぞれの集団の由来が異なり、またそれぞれが以前に暮らしていた環境への適応状態を引きずっているからだ。5万年以上前にアフリカにいたホモ・サピエンスの特徴を保ちながら現代化したのが縄文人であり、世界中の多くの人々とも似ている。縄文人の顔の特徴はグローバル・スタンダードに近い。縄文人の大きな眼や厚い唇はセックスアピールにも役立つ。

　弥生人の祖先集団も、もともとは縄文人と同じようにグローバル・スタンダードな顔

だったが、3〜2万年前以降に、北東アジアで寒冷な気候に適応して独自の特徴を身に着けた集団の一部が、弥生人の祖先となったと考えられる。この集団は、寒冷な環境に適応する過程で、体熱の放散を減らし凍傷を起こさないように、鼻の突出を抑え瞼の皮下脂肪を厚くしたのだ。なお、顔の長さは身長に比例する、あるいは咀嚼力の強さに反比例する可能性がある。

　そのような特徴を持つ集団の一部が北部九州に渡来し、次第に勢力を拡大していったのがいわゆる渡来系弥生人である。

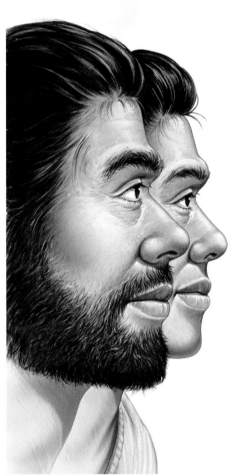
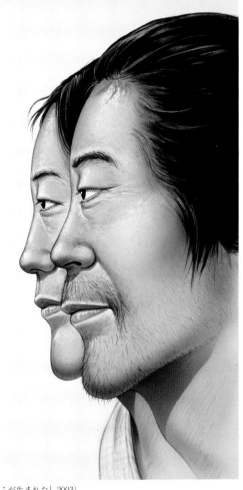

向かい合う縄文人と弥生人（『NHK 日本人はるかな旅⑤　そして"日本人"が生まれた』2003）
両者の男女の横顔から、顔の特徴を比較したもの。横顔として表現することで、正面からのイラストよりも、縄文人の眉の部分や鼻の立体的な作りがよくわかる。弥生人の平坦な顔とは大きく異なる。縄文人男性は髭や眉毛が濃いのも特徴である。弥生人男性の髭や眉毛の薄いのは、寒冷な気候では吐く息の水分がくっついて、氷柱になるのを防ぐためと考えられている。

13 動物の進化による顔のつくりと役割

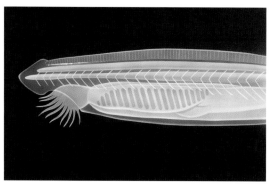

ナメクジウオ（脊索動物）
脊椎動物の祖先と考えられる脊索動物のナメクジウオは、頭と胴の区別がない。口には多くの触手がある。視覚器や聴覚器はない。

トカゲ（爬虫類）
両生類によって獲得された肺呼吸にくわえ、殻のある卵を進化させて陸上生活に進出した。頸ができて頭を動かせるようになった。哺乳類のような口蓋がなく、鼻腔と口腔は続いている。

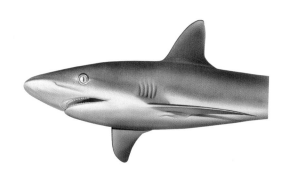

サメ（軟骨魚類）
全身の骨は軟骨でできている。顎がよく発達し、何回でも生える歯がついている。鼻孔は 1 対あり、平衡聴覚器官としての内耳も形成されるようになった。

サンショウウオ（両生類）
幼生・成体ともに水中でエラ呼吸をするものから、成体は陸上で肺呼吸をするものまで様々。両生類の段階になって鼓膜と中耳が形成され、空中の音を聞く聴覚器官が発達した。

イヌ（哺乳類）
より強力な顎をもつと同時に、役割によって大きさや形が異なる歯を持つようになった。鼻腔が大きくなり嗅覚が非常によく発達したとともに、外に突出する（集音器官としての）耳介をもつようになった。

Outline

　各進化段階の人類の顔をイラストとして描くためには、ヒトだけでなく動物の顔のつくりと役割を知ることが必要である。顔には動物の進化の歴史が刻まれていて、ヒトの顔もその延長線上にあるからだ。さらに、顔を見たときに、その特徴を脳でどのように把握するのかを理解することが重要だ。微妙な表情は霊長類で発達したが、我々もお互いの表情をうまく読み取れば、人生を豊かに生きることができるだろう。

馬面なウマ

肉食獣に襲われないように立ったまま地面の草を食べ、水を飲む。そのためには顔と頸の長さが前脚よりも長くないといけないが、頸だけを長くしてしまうと頭に負担がかかる。そこで、顔を長くすることによって、咀嚼筋があって重い顔の後半部分と、草を食いちぎるだけの軽い口とが離れ、ウマは馬面になった。

丸顔のネコ

ネコは俊敏な捕食動物で、時には自分よりも大きな獲物を攻撃する。獲物に噛み付いて殺すために顎は丈夫で筋肉が発達している。頸も長い必要はなく強さが求められる。その結果、ネコの顔は突出せずに丸顔になっている。

ニホンザル（霊長類）

樹上で距離を測るために、両眼が正面を向き立体視が発達した。果物を探すために色覚も発達した。鼻腔が縮小し嗅覚が退化した。顔の皮膚が露出しているのは、微妙な表情を表すためである。

チンパンジー（類人猿）

ニホンザルが持っていた特徴に加え、大脳の拡大により知能が発達した。ただし、犬歯が大きく暴力性を秘めた顔は、油断ならない表情を浮かべている。四足歩行なので、頭部は斜め後ろから頸で支えられている。

『大顔展』1999

14 ヒトの顔のつくりと表情

頭骨
15種の骨があつまって、頭と顔の基本的な枠組みを作っている。脳や感覚器を守ったり、硬いものを噛む役割がある。

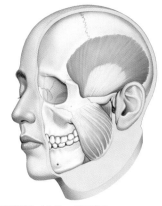

咀嚼筋（咬筋・側頭筋）
咬筋は頬にある大きな筋肉。側頭筋は側頭部に広がる筋肉。この二つの筋肉は、食物を噛む主な力を出している。

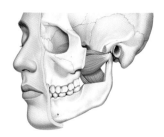

咀嚼筋（内側翼突筋・外側翼突筋）
内側翼突筋は下顎骨の内側にあり、噛む力を出す。外側翼突筋は顎関節につき、口を大きく開いたり顎を横に動かすときに働く。

顎関節
側頭骨と下顎骨の間の関節で、2つの間には関節円板がある。口を大きく開ける際には、外側翼突筋が下顎骨と関節円板を前方に引く。

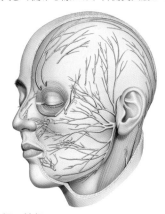

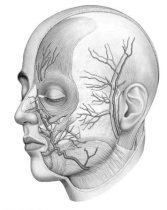

皮膚
表面の角質化した表皮とその下の真皮、脂肪に富んだ皮下組織に分けられる。血管、知覚神経、汗腺、毛根などがある。

顔の神経
表情筋を動かす神経は顔面神経と呼ばれ、耳の前から広がる。顔の知覚は三叉神経が担当し、眼神経・上顎神経・下顎神経に分かれて広がる。

顔の血管
顔の皮膚の筋肉には主に外頸動脈の枝の顔面動脈と浅側頭動脈が分布している。静脈もほぼ同じ。

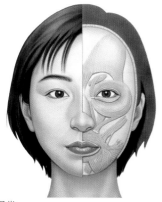

通常
筋肉には力が入っていない状態。

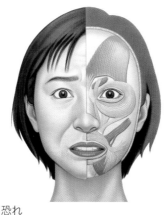

恐れ
前頭筋により目が見開かれるとともに眉の内側にある皺眉筋により眉が内側に引かれ、さらに大頬骨筋や下唇下制筋により口角が横に引かれる。

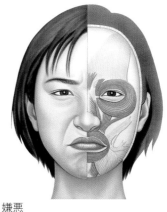

嫌悪
鼻の上の筋肉により鼻根部に横ジワができる。口輪筋によって唇が出っ張る。オトガイ筋により顎先に梅干しのようなシワができる。

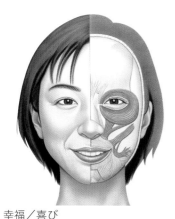

幸福／喜び
眼輪筋により、目が細くなり目尻にシワができる。唇についている大頬骨筋により口角があがり、鼻のわきから頬にかけて溝ができる。

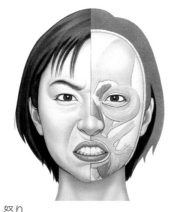

怒り
眉の内側にある筋肉によって眉が強く引き下げられ、眉間に縦ジワができる。鼻の横にある筋肉によって鼻に横ジワができ、下唇下制筋により下唇が下に引き伸ばされる。

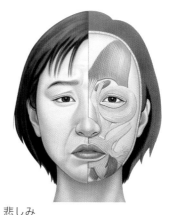

悲しみ
前頭筋により、額にシワができる。眉の間の皺眉筋により眉が内側に寄せられ、口角下制筋により口角が引き下げられる。

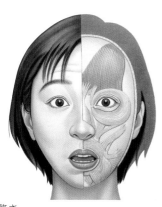

驚き
額にある前頭筋が額の皮膚を上方に引くので、大きく目が開き、額にシワができる。

Outline

　顔には、目や耳、口、鼻など、生きていくために必要な器官があり、それらの多くは頭骨の中に収まっている。顔にはそれらの器官を働かせるための筋肉や神経、血管、皮膚があり、それらが複雑に組み合わさっている。

　表情は、皮膚の下にある表情筋が皮膚をひっぱることによって作られる。人にはおよそ20種類の表情筋がある。感情の変化により皮膚を動かして、いろいろな表情を作る。このイラストは、「通常」「恐れ」「嫌悪」「幸福／喜び」「怒り」「悲しみ」「驚き」という7種類の顔のイメージで、右半分は表情筋の動きを示している（赤色で示した部分）。なお、「通常」の表情のイラストは、「大顔展」(1999年)の図録には掲載されておらず、展示のみで使用された。

（『大顔展』1999)

15 顔のつくりと成長過程

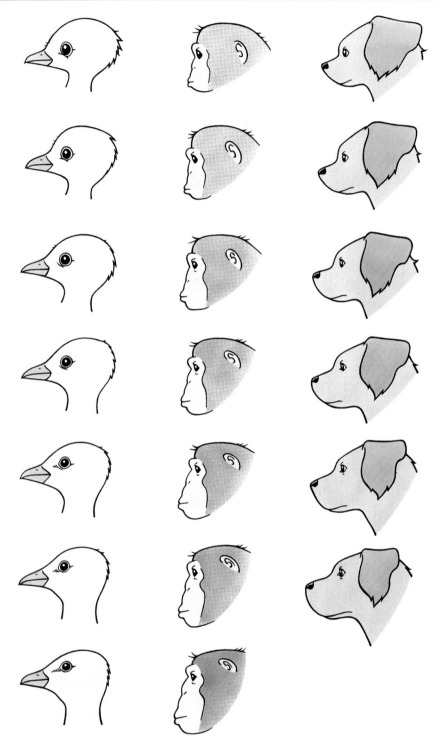

顔と年齢のルール（『大顔展』1999）
動物行動学者のコンラート・ローレンツが示した「ベビー図式」をトリ、サル、イヌのイラストで
示したもの。「かわいい」と感じさせる顔の特徴は、全体として丸ぽちゃ、広いおでこに大きな眼、
少し上を向いた小さな鼻、ぷっくりとした頬という共通の特徴が見られる。成長とともにどのよう
に顔が変化していくのかを示している。

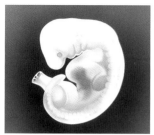

❶妊娠5週
　約5mm。目や心臓が形成されつつ
　ある。

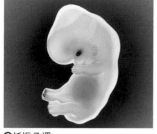

❷妊娠7週
　約17mm。さらに手足などが形成
　され始めた段階。

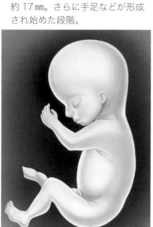

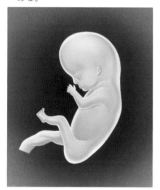

❸妊娠9週目
　約5cm。手足の形がよくわかる。

❹妊娠5か月
　約15cm。

❺子宮内におさまった胎児
　胎盤や臍帯の様子がよくわかる。顔もしっかり
　してきている。

胎児の成長過程（『特別展「人体の世界」』1995）

顔と錯視（『大顔展』1999）
「サッチャーの錯視」と呼ばれるもので、左は目と口を上下逆さまにして貼り付けたもの。顔を逆さまにみるときには違
和感がないが、本を上下さかさまにしてみると、違和感に気がつく。このイラストは、1980年にマーガレット・サッチャー
の顔写真を使って報告されたものを、イラスト化して表現している。顔の認識回路は、正立の向きには敏感に反応するが、
逆向きになってしまうととたんに全体としての顔の姿を捉えることができなくなってしまう。

石井礼子さんとの出会いと復元イラスト事始め
～三人四脚の物語～

馬場悠男
BABA Hisao

　国立科学博物館では、毎年、10万人単位のお客さんを見込む特別展を行っている。インドネシアでジャワ原人化石の発掘調査を続けていた私は、1994年に、仮称「ピテカントロプス展」の開催を目指し、スポンサーである読売新聞文化事業部の大田陽一さんと企画を練っていた。大田さんとは、1988年の「日本人の起源展－日本人はどこからきたか」のときから懇意だった。

大田さんの気まぐれか慧眼か

　特別展にとって、学術的内容や展示資料をそろえるとともに重要なのは、宣伝ポスターのイラストを作ることである。今回は、「ピテカントロプス展」の目玉になる、ジャワ島で出土したサンギラン17号という若い男性の原人頭骨化石（①）に焦点をあて、この男性を魅力的なイラストとして復元したかった。男女のペアとして描いてもいいかもしれ

ないとも考えていた。それが、図録の表紙にもなる。大田さんは、いつもは著名な画家にイラストを頼んでいた。

　ところが、大田さんは、ひょんなことで知り合った若い女性の画家を起用したいと言い出した。その女性画家が、石井礼子さんだったのだ。石井さんは、まだ若く、画家としては一本立ちしていなかったが、人間の顔を細やかに艶っぽく描くのを得意としていたので、復元イラストを描くには適していると私は判断した。ただし、石井さんには化石人骨から当時の人類のイラストを描いた経験はなかったため、まずはイメージを膨らませるために、彼女にジャワ原人化石の実物や暮らしていた環境を見てもらったらどうかと大田さんと石井さんに提案した。ちょうど、大田さんと私が「ピテカントロプス展」の準備としてジャワ原人や動物の化石資料を借用する交渉をするために、インドネシアの博物館や大学を訪問する計画があったのだ。

　石井さんは、はにかみ屋で遠慮がち、楚々たる大和なでしこで、オジサン二人と一緒に、初めての海外旅行でインドネシアに行くのはちょっと怖いと言っていた。しかし、現地に着くと、明るい陽光の中で豊かな自然や原人の化石を見て楽しんでいるようだった。ジャワ原人に対する彼女なりのイメージが育まれていったのだろう（②）。

学術と芸術の二人三脚

　化石の人骨から生きていたときの顔や体を復元するには、研究者による解剖学や人類学

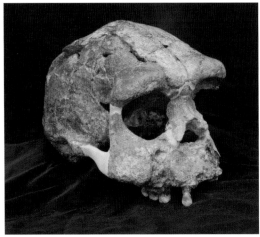

①ジャワ島で出土したサンギラン17号の頭骨
（バンドン地学博物館所蔵、馬場悠男撮影）

のような学術的な証拠（推定も含むが）だけでも、画家や彫刻家のような芸術家の想像力あふれる創作技術だけでも、うまくはいかない。両者の対等な協力、二人三脚が不可欠なのだ。その際に重要なのは、お互いに主張しすぎないことである。

　研究者が、監修者の立場として厳密な事実を押し付けすぎると、芸術家の創造性をそこね、出来上がったものが人間ではなく木偶人形になってしまう。芸術家が、自身の創作意欲を満足させようとして学術としての事実や推測を歪めると、復元が一般性や信頼性を失ってしまう。

　じつは、私はそれ以前にも復元の監修を行ったことがあるが、制作にあたった芸術家の中には、私の意見を聞いてくれない方もあった。その点で、石井さんには全く心配がなかった。

なんといっても解剖学

　研究者の側から見ると、復元にあたって最も重要なのは、解剖学の知識である。骨格全体の構成と動き方、どの骨にどのような筋肉が付いていて、どのような運動能力があるか、さらに姿勢や動き方によってどのように筋肉の形が体表に現れるかを理解することが、復元の基本である。たとえば上腕二頭筋でも、縮んだときと伸ばしたときでは形が違うので、腕の輪郭線がちょっとでも歪むと不自然になる（もっとも、それに気が付く人はそう多くはいないが…）。

　そこで、インドネシアから戻ってすぐ、石井さんに美術解剖学の即席実習を行った。偉そうなことを言うようだが、私は医学部解剖学教師の経験が16年半あり、人体だけでなく動物の解剖も行っていた。また、大学で美術解剖学の講師をしたこともあった。

　具体的には、石井さんに、私が復元しなお

②ジャワ島での大田さんと石井礼子さん
（1996年3月）

したサンギラン17号の頭骨模型を手に取ってもらい、側頭筋や咬筋が現代人の2倍以上も発達しているので、具体的に顔かたちがどうなるかを説明した。さらに、皮膚の厚みを加えた状態を想定して、さまざまな方向から見た復元スケッチを描いてもらった。石井さんは、熱心で呑み込みが早く、みるみるうちに上達していった。

つぎには人類学

　化石人類を復元するにあたって、もう一つ重要なのは、体表面の諸器官である。肌の色、鼻や唇の形、眼の形や虹彩の色、毛髪や体毛の量などである。そのような特徴は、化石の解剖学的理解だけでは推測できない。そこで、生物学の一部である人類学の知識が必要なのだ。

　なぜなら、生物の様々な特徴は、それぞれの個体の属する集団が、長年にわたってどのような環境でどのように暮らしていたかを示しているからである。人間もその祖先も、そ

の例に漏れない。たとえば、肌や虹彩の色は紫外線をどれだけ受けていたか、鼻の隆起や軟骨の発達は顔面の退縮が進んでいるか、体毛の減少は暑い気候での発汗冷却作用が必要だったか、白眼の露出あるいは唇や乳房の発達は社会生活や性的魅力の重要性と関係している。

そのような特徴に関しては、研究者が、今までの経験に加えて、関連する「エビデンス」を集め科学的推測をすることになる。なお、人類に近縁な動物との比較も大いに役に立つ。私たちはチンパンジーから進化したわけではないが、祖先たちは大なり小なりチンパンジーと似ている。もちろん、まったく似ていない部分もある。

化石人類復元イラストの勉強

石井さんは、現代人の顔や体を描くことには慣れていたが、過去の人類の復元イラストを描いた経験がなかったので、いくつかの出来の良い復元イラストを見て勉強してもらった。じつは、私自身も多くの博物館を訪れたり、外国の本や雑誌を探したりして勉強していたのである。とくに、ナショナルジオグラフィック誌などに載っていた J. H. マターネスさんの復元イラストは定評があり、「走り続ける人類たち」を描くにあたっては大いに参考にさせてもらった。

復元の役に立った自分の頭骨

巻末の工藤先生と石井さんの対談にも出てくるので、紹介しておきたい。たしか 1994 年、顔の研究をしていた数名の研究者が、南雲吉則医師のお世話で、CT データによる復元頭骨を作った（③）。現在のように高精細の CT 撮影装置と三次元プリンターによる復元ではなく、医療用 CT で 1mm 間隔に撮ったデータを使って光硬化樹脂で合成するものだったが、当時としては画期的だった。

解剖学・人類学研究者としては、生きてい

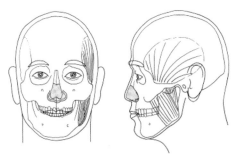

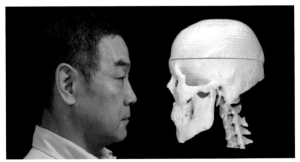

③ 1994 年ごろに私の CT 撮影データに基づいて作った復元頭骨模型
顔を復元するには、解剖学の知識と実際の資料が重要。

るうちに自分の頭骨と対面できたのは感激だった。さらに、こういう頭骨にこういう筋肉や皮膚などを付けるとこういう顔になるという根拠を示すために、最適の資料となった。復元頭骨を学生に見せ、性別・年齢を判定させた。間違ったら落第すると脅し、種明かしをすると、大うけだった。その復元頭骨を石井さんに見せ、私の顔と比べ、実習してもらったということである。

自然環境としての山河、植物、動物

「ピテカントロプス展」では、ジャワ原人たちの暮らした環境を表すイラストも必要だったので、石井さんに現地に行ってもらったわけだが、それだけではなく、たとえば『インドネシアの自然と動物たち』というような書籍でさらに勉強してもらった。これも、私自身がそれまで勉強していたことの延長だった。つまり、イラストを描くために私と石井さんは共に学んだのだ。さらに、必要なら、国立科学博物館が誇りとする各分野の専門家に教えを乞うた。

ピテカントロプスの特徴を決める

実際にポスターのイラストを作成するには、ピテカントロプスの代表であるサンギラン17号の特徴を決める必要がある。もちろん、ペアとなるべき女性も同様である。そこで、以下のような判断を行った。骨からわかる特徴として、まず性別は男性であるので、身長は170㎝、体重は75㎏ほどとした。また、額の傾斜や眼窩上隆起の発達、頬の張り出し具合や口の突出程度は、皮膚の厚さを考慮しながら骨の形に添わせた。鼻もわずかに隆起させた。

サンギラン17号の脳容積は1,000㎤で、現代人の3/4に近いため、人間的な要素を強く表すことにした。眼裂（眼）を大きく、

二重瞼とし、結膜を白くした（白眼）。また、唇をめくりかえさせ、赤い色もやや目立たせた。頭髪は脳を守るために必要だが、縮れていたかどうかわからないので、わずかな波状毛にした。

微妙なのはペアとなる女性の乳房だが、人間的要素を示すために膨隆させた。彼女が若く、授乳した経験がないので、垂れ下がってはいない。乳房の膨隆がなぜ人間的かというと、授乳時以外にも乳房に皮下脂肪がたまって膨隆しているのは人間（ヒト）だけの特徴であり、男性諸氏はご存じのように、それが性的魅力になっているからだ。

環境との兼ね合いとしては、低緯度なので紫外線が多く、皮膚と虹彩の色は濃かっただろうが、よく見えるように、あまり濃くはしなかった。とくに皮膚色を黒に近づけると、形の把握が難しいのだ。ピテカントロプスが住んでいたのは熱帯であるため、体毛は少なかったはずだ。

実際のイラスト作成作業

以上の想定を踏まえつつ、とくにポスターのために若いピテカントロプスの男女を描くことになった。ポーズは、石井さん、大田さんと相談し、誰の発案だったか憶えていないが、横向きの男性が、正面向きに近い女性の肩を抱いている姿とした。ちょっと不自然だが、男性と女性とで向きが違うことにより、身体的な特徴がつかみやすくなる。

まず、石井さんがラフなデッサン画を描き、私が修正を依頼し、また描きなおしてという作業を数回繰り返して、下絵が完成した。もちろん、石井さんの意見に私が従うこともあった。最終的に、大田さんの了承も取りつけた。そして、石井さんはアクリル絵の具により、スプレー技法も使って、イラストを描いた。途中で、眼や肌の細かい特徴などもお

互いに確認し合った。

　じつは、石井さんは、国立科学博物館の特別展のポスターという大仕事にプレッシャーを感じながら、深夜までかかって夢中でイラストを描いたそうだ。そして、完成したイラスト原画を見た大田さんから、「良かったよ」という電話をもらったときの喜びは一生忘れないとのことだ。

　その復元イラストでは、肌の艶やかな感じが初々しく、若い男女が愛情あふれる姿で復元されている（☞24頁）。それまでの武骨な復元イラストにはなかった新鮮な印象だ。なお、女性の愛嬌たっぷりの魅力的な表情は、ほかのピテカントロプスの男性にではなく、実はお客さんに向けた表情であり、特別展に来てほしいと誘っているのだ（④）。

瞬間的に理解してもらえる

　化石人類あるいは日本人の祖先を復元すると、イラストであれ造形であれ、当時の人々がどのような姿でどのような能力を持っていたかが、誰にでも瞬間的に理解してもらえ

④ 「ピテカントロプス展」ポスターの
　ピテカントロプスの女性（☞24頁）

る。「百聞は一見にしかず」なのだ。そこで近年では、書物でも、博物館でも、テレビでも、復元による表現がよく用いられている。最近では、CG技術により、イラストあるいはアニメーションとしても表現されている。私自身も、NHKスペシャル「人類誕生」（2018年）などでCGを監修したことがある。しかし、もともとローテク・アナログ・リアル人間の私としては、旧来の職人芸的な復元が大好きだ。

学術的な意義もある

　じつは、復元をするのは、研究者にとっては辛く厳しい側面もある。なぜなら、文章に書くのなら、「○○○○と思われる」とか、「おおよそ○○○くらいだろう」とか、「あるいはこうかもしれない」とごまかすことができるが、形として表すには厳密に細部まで内容を決める必要があるからだ。しかし、勇気を出し、決断して形に表せば、ほかの研究者がそれを見て、監修した研究者がどのように考えたのかは一目瞭然であり、お互いに議論の「たたき台」とすることができる。それは、新たな研究の進展にも役立つのだ（そう思って、救われる自分がいる…）。

「ピテカントロプス展」は成功

　1996年に開催した「ピテカントロプス展」は、最終的に20万人ほどのお客さんを集め、まずまずの成功を収めた。平成天皇と皇后様にもご来幸いただき、私がお二人にご説明申し上げた。その後も、石井さんには、国立科学博物館の「大顔展」（1999年）、「日本人はるかな旅展」（2001年）、「縄文 vs 弥生」展（2006年）などの展覧会、あるいは多くの書物でイラストを描いてもらっている。

盟友・大田陽一さんに感謝

　私は、石井さんとの出会い以外にも、大田さんには大きな恩義がある。なぜなら、1995年に開催された特別展「人体の世界」の裏に、大田さんの太っ腹な大英断があったからだ。

　たしか1993年、日本解剖学会（私も会員だった）から、学会創立100周年を記念して解剖学に関する展示を国立科学博物館で1995年に実施してくれと頼まれた。しかし、特別展を開いても10万人単位のお客さんが集まる見込みはなかった。思い悩んだ末に、電話で大田さんに相談すると、大田さんは即座に「解剖学会は貧乏だろうし、面白い展示物もないだろうが、国立科学博物館との、そして馬場さんとの付き合いもあるから、馬場さんが恥をかかないですむような最低限の展示をつくるために協力はするよ」と言ってくれた。私は涙が止まらなかった。

　すぐに、解剖学会代表で順天堂大医学部の若手教授だった坂井建雄さん、大田さん、私が中心になって、多くの苦労やどんでん返しの企画が進み、プラスティネーション標本を用いた「人体の世界」展が開催された。すると、実質62日間で、45万人のお客さんを集め、6万部の図録を売り上げるという大成功を収めた。そんな付き合いの中で、大田さんが私に石井さんを紹介し、「ピテカントロプス展」のイラストを描いてもらうことになったのだ。石井さんは、「人体の世界」展でも胎児のイラストを描いてくれた。

　大田さんは、読売新聞社を定年退職して好きな油絵を描いていたが、間もなく肝臓癌を発症し、数年ほどして亡くなった。大田さんが亡くなる1年ほど前に、三人で会って思い出話をした。大田さんは癌患者とは思えないほど快活だった。そう……、私たちの物語は、二人三脚ではなく三人四脚で始まったのだ。心から大田陽一さんのご冥福を祈る。

トリニール遺跡のピテカントロプス発見の記念碑にて、大田陽一さんと（1996年3月）
記念碑には「ピテカントロプス・エレクトスが、ここより東北東へ175mの地点で1891〜93年の発掘で見つかった」と記されている。

旧石器人のくらし

解　説

　ここでは、ホモ・サピエンスがアフリカから出て、世界各地へ広がっていく過程に関係するイラスト、ホモ・サピエンスが日本列島に到達した後の最初の時代である後期旧石器時代（約3万8,000～1万6,000年前）の人々の生活に関わるイラストを集めた。

　アジアに到達したホモ・サピエンスが最初に広がっていった東南アジアからスンダランドにかけては、やはり「海洋進出」がキーワードとなることから、舟に関係するイラストが多い。そこからさらに、東アジアへと進出した集団の一部が日本列島に渡ったことで、日本列島の旧石器時代が始まる。

　一方、最終氷期の極寒のシベリアに進出したホモ・サピエンスは、寒冷地の環境に適応するために大型動物の狩猟にも特化した集団がいたようだ。1990年代後半から2000年頃にはそうした"マンモスハンター"たちに注目が集まっていたこともあり、様々な視点からハンターたちの姿が描かれている。そして、最終氷期最寒冷期に細石刃文化をもって、北回りでサハリンから北海道、そして本州へと南下してきた集団がいた。このような集団が、旧石器人集団の一部となったのだ。

　このうち筆者が監修したイラストは、日本列島の後期旧石器時代に関わるいくつかの重要なトピックに関係するもので、ほとんどが国立歴史民俗博物館のリニューアル展示（総合展示第1室　先史・古代　大テーマ1「最終氷期に生きた人々」2019年3月開室）のために作成したものである。約4万年前の茨城県花室川のイラストや、最終氷期の動物たちなど、後期旧石器時代の人が生きていた時期の環境を示すために作成したものもある。日本列島にやってきた「パイオニアたち」の生活と文化をみてみよう。　　　　　（工藤雄一郎）

1 世界各地のホモ・サピエンス

アフリカからの旅立ち（『日本人はるかな旅展』2001）
アフリカから出て、世界各地へと拡散していくホモ・サピエンスの様子を象徴的に描いたイラスト。中央にはアフリカの地図とともにアフリカの大地を歩む人々が描かれ、その上には世界各地に拡散した現在のホモ・サピエンスの地域集団の特徴が、顔のイラストで示されている。石槍がやや大きすぎるのが気にかかる。

ホモ・サピエンス（ペラ人）
マレーシアのグヌン・ルンツ洞穴から
出土した、完新世初頭の人骨をもとに
描いたイラスト。手足は長いが骨は細
い。左腕の肘と手首に病変があり、異
常に細く、内側に強く曲がっている。

ホモ・サピエンス（北方アジア人）
寒冷地適応を受けた北方アジア人。一
重まぶた、腫れぼったい目、低くなっ
た鼻、張り出した頬骨などの特徴から、
極めて平べったい顔が形成された。ま
た、胴長短足という人類史上類まれな
プロポーションをしている。

ホモ・サピエンス（北方アジア人）
新石器時代（5,000 年前ごろ）に、シ
ベリア方面から中国、東南アジアに南
下してきた北方アジア人の特徴を示し
たイラスト。

投槍器を使うホモ・サピエンス
（クロマニョン人）
（『イミダス特別編集　人類の起源』1997）
ヨーロッパに拡散した旧石器時代のホモ・サピエン
スであるクロマニョン人。後期旧石器時代の革新的
な道具である投槍器を使用する様子である。

Outline

　新人のホモ・サピエンスは、およそ30万
年前にアフリカで誕生した。進んだ石器や火
の利用により体と顔は華奢になったが、創造
的な精神と高度な狩猟技術を発達させ、10
万年前以降には、アフリカからユーラシアに、
さらに世界中に拡散した。拡散先の環境に適
応する過程で、皮膚や虹彩の色などの特徴は、
地域集団によって大きな変化が生じたが、そ
れ以外の特徴の違いはごくわずかなものでし
かない。

（表示以外はすべて『ピテカントロプス展―いま復活するジャワ原人』1996）

2 海へと進出したホモ・サピエンス

スンダランドの初期アジア人（『日本人はるかな旅展』2001）
東南アジアに到達し、スンダランド（現在のスマトラ・ボルネオ・ジャワなどの島々が繋がった広大な亜大陸）
へと拡散していった、約5〜4万年前の初期アジア人をイメージしたイラスト。彼らはオーストラリア先住民
と同じような特徴をもっていたと推定され、肌の色が濃く、細い体つき、彫りの深い顔は、アフリカに住んでい
たときの特徴を維持していたためと解釈されている。

海を渡ったホモ・サピエンス（『週刊地球46億年の旅　43　万物の霊長ホモ・サピエンスの産声』2014）
約4万5,000年前ごろ、筏のようなものを作り、東南アジアの近海で島から島へと渡海を繰り返していた様子をイメージして描かれたイラスト。このイラストではタケを組んで作った筏となっており、木の枝に紐を巻き付けたようなオールで漕いで海を渡っている。

銛を使った漁をする人々（『NHK日本人はるかな旅②　巨大噴火に消えた黒潮の民』2003）
縄文時代の初め頃、南九州一帯に成立した海洋文化を担った「黒潮の民」をイメージしたイラスト。『NHK日本人はるかな旅②　巨大噴火に消えた黒潮の民』（2003年）の表紙に使用された。

海を渡ったホモ・サピエンス
（『ピテカントロプス展―いま復活する
ジャワ原人』1996）
スンダランドとサフールランド
に約4万年前に広がった人々の
様子を描いたもの。下のイラス
トの丸太を組んだ簡易的な筏を
漕ぐ2人の人物は、オーストラ
リア先住民を想像して描かれて
いる。

Outline

　ホモ・サピエンスは、魚や貝を得るために筏や小舟を利用していたが、5～4万年前には海を渡って、オーストラリアや日本列島へと拡散した。実際にはどのような舟だったのかはわかっておらず、国立科学博物館による研究が進められている。

3 極寒のシベリアに進出したホモ・サピエンス

植刃器を作る（『特別展マンモス「YUKA」』2013）
細石刃を埋め込む植刃槍を製作している様子をイメージしたイラスト。シカの角の素材に溝を切り、細石刃を埋め込んでいる。足元には木の柄とシカの腱があり、これからしっかりと固定する作業をするのだろう。西シベリアのルーゴフスコエ遺跡では、植刃器がマンモスの胸椎に刺さって発見されており、マンモスの体部組織の厚さ約10㎝から推定して、体表から約13〜13.5㎝ほど刺さった非常に強力な投射であったことがわかっている。背景にはウクライナのメジリチ遺跡などで見つかった、マンモスの骨を利用した住居が描かれている。メジリチ遺跡1号住居では、95個のマンモス下顎骨をはじめ、400点もの骨が住居に使用されていた。

Outline

シベリアのマンモスハンターたちの様子は、『NHK日本人はるかな旅①』（2003年）や「特別展マンモス「YUKA」」（2013年）などでたびたび描かれている。『NHK日本人はるかな旅』のイラストは寒冷環境に適応した

ホモ・サピエンスの様子を示すことを意識しているのに対し、「特別展マンモス「YUKA」」では細石刃という石器の製作と使用のイメージを示すことがより重要視されているため、狩猟具である槍の描き方に違いがある。

投槍器でマンモスを狙う（『特別展マンモス「YUKA」』2013）
植刃槍を投げ槍として復元し、マンモスに遠距離から狙いを付ける様子を描いたものである。槍には3本の羽根もつけられている。投げ槍であるため、当然だが手持ちの槍よりはかなり細い槍として復元されている点に注目したい。

シベリアの大地を歩む人々（『NHK 日本人はるかな旅 ①　マンモスハンター、シベリアからの旅立ち』2003）
最終氷期最寒冷期の雪と氷に覆われたシベリアを歩く集団を描いたイラストで、マンモスの肉片や牙を担いでいる。ロシアのイルクーツク郊外にあるマリタ遺跡に住む人々をイメージしている。

4 日本列島にやってきたホモ・サピエンス

マンモスハンターたち（『日本人はるかな旅展』2001）

Outline

　国立科学博物館の特別展「日本人はるかな旅展」（2001 年）や、その内容を子供向けの概説書にまとめた書籍である『NHK 日本人はるかな旅①』（2003 年）に使用されたイラスト。2000 年前後には、マンスハンターと細石刃文化への関心が高く、展示の中心的な要素の一つとなっていた。シベリアから北海道にかけての後期旧石器時代のマンモスハンターたちの様子と、それらの南下をイメージしたイラストが多数描かれている。

シベリア平原を移動する人々（『NHK 日本人はるかな旅 ①　マンモスハンター、シベリアからの旅立ち』2003）
最終氷期最寒冷期に、寒すぎるシベリア平原から東へ、南へとマンモスを追って移動する人たちを描いたイラスト。手に持つ槍には細石刃がはめ込んである。こうした集団の一派が日本列島にたどり着いたことをイメージしている。

北海道にたどり着いた人々（『NHK 日本人はるかな旅 ①　マンモスハンター、シベリアからの旅立ち』2003）
マンモスなどを追ってサハリンを南下し、北海道に到達した後期旧石器時代の人々が、河川沿いの平原にマンモスやヘラジカなどが生息する姿を見て「ここなら安心して暮らせる」と歓喜しているシチュエーションをイメージしたイラストである。最終氷期最寒冷期の北海道はまだまだ寒いが、夏のイメージだろうか。腕を出してかなり薄着になった旧石器人たちだ。

5 ホモ・サピエンス到達以前の南関東
―約4万年前の花室川―

はなむろがわ

（国立歴史民俗博物館総合展示第1室のリニューアル展示、2019）

針広混交林　　　　　　　　　　　　　　　筑波山

ナウマンゾウ

オオツノジカ

ニホンジカ

花室川

ナウマンゾウ

❶針広混交林が広がる動物の楽園

　日本列島に人類（ホモ・サピエンス）が到達する直前の約４万年前頃の花室川周辺では、カバノキやチョウセンゴヨウ、ナラ類などからなる針広混交林が広がり、ナウマンゾウやオオツノジカなどの動物の楽園となっていたようだ。花室川の古環境分析では、後期旧石器時代の約３万5,000年前頃から１万7,000年前頃にかけては、トウヒの仲間やチョウセンゴヨウなどからなる亜寒帯性針葉樹林へと移行したことがわかっている。奥にはうっすら筑波山がみえる。

❷ナウマンゾウの復元

　2015年に制作したこの復元イラストのナウマンゾウは国府田良樹氏（当時、茨城県自然博物館）の監修によるもので、寒冷気候への適応度合いを評価して、体毛がやや濃く表現されている。一方で、2019年に国立歴史民俗博物館総合展示第１室のリニューアル展示において設置されたナウマンゾウ生体復元模型（☞65頁）は、長谷川善和氏（当時、群馬県立自然史博物館）と国府田氏の両者の監修により、復元の過程で様々な議論をおこない、ナウマンゾウが南方系のゾウであることを考慮し、あまり体毛を密集させず、毛足もそれほど長くしていない。

Outline

　４万年前の花室川の風景は、国立歴史民俗博物館の共同研究の成果の一部として2015年に描いたもの。茨城県のつくば市と土浦市を流れ、霞ヶ浦にそそぐ小さな河川である花室川では、これまでナウマンゾウ、バイソンなど、最終氷期（約11万～１万4,000万年前）の動物化石が多数発見されていたことから、国立歴史民俗博物館で2009～2011年にかけて共同研究が組織され、2010年には堆積物の花粉や木材化石による古環境分析が行われた。

　日本列島にホモ・サピエンスが到達したのは約３万8,000年前とされており、この場所でナウマンゾウが狩猟対象となっていたのかはどうかは不明であるため、この復元イラストの設定時期は、あえて「ホモ・サピエンスが日本列島に到達する直前」の約４万年前とした。約３万8,000年前以降の後期旧石器時代において、こうした大型動物が当時の人々の狩猟対象となっていたのか、なっていたとしてどの程度意味をもっていたのかは不明である。

茨城県花室川での発掘調査（2010年、工藤雄一郎撮影）
国立歴史民俗博物館の共同研究として花室川の川岸を発掘した。このトレンチの最下層の砂礫層からナウマンゾウの臼歯が発見されている。

花室川産ナウマンゾウ大臼歯（複製）
（現品：産業技術総合研究所所蔵／複製：国立歴史民俗博物館所蔵）
歯冠長33cmで、花室川の川底でこれまで発見された最大のもの。

ナウマンゾウ生体復元模型（国立歴史民俗博物館）
ゾウの鼻先の形は種によって異なりナウマンゾウについては不明であるため、復元イラストでも模型でも、鼻先はあえて隠している。イラストと比較して体毛は薄く表現されている。

花室川産ナウマンゾウ下顎骨（複製）
（現品：つくば市教育委員会所蔵／複製：国立歴史民俗博物館所蔵）

6 最終氷期の動物たち

Outline

　約8万年前〜約3万年前ごろの最終氷期の日本列島には、現在の日本列島にはすでに存在していない、絶滅した大型動物群が存在していたことが、石灰岩洞窟などで発見される多数の動物化石から明らかになっている。

　日本列島の最終氷期の動物群は、北方系のマンモス動物群と南方系のナウマンゾウ動物群に区別される。

　これらの動物化石のほとんどは人類遺跡とは関係のない石灰岩地帯の裂罅堆積物や湖底堆積物、埋没した河川堆積物などから産出しており、実際に、後期旧石器時代人の狩猟の対象となったことを検証できる具体的な証拠は極めて乏しい。

　青森県尻労阿部洞窟で出土した後期旧石器時代人が狩猟した動物遺体は、極めて稀な例であるが、主体となるのはノウサギであった。長野県野尻湖の湖底から産出したナウマンゾウやオオツノジカなどの動物化石群は、かつては旧石器人による狩猟の痕跡とされてきたが、これらはホモ・サピエンスが日本列島に到達した3万8,000年前よりも古いことから、自然に残された化石と考えるべきであろう。

　なお、最終氷期の動物群の多くは後氷期が始まる以前に絶滅した。環境の変化や旧石器人の狩猟圧など複合的な要因が考えられるが、最終氷期の動物群のうち、完新世まで生き残ったものが現生の日本列島の動物種の起源である。その中には、明治時代に絶滅したニホンオオカミも含まれる。

ケナガマンモス

❶北方系のマンモス動物群

　最終氷期にマンモスとともに生息していた動物群。ケナガマンモスのほか、バイソン、オーロックス、ヘラジカ、トナカイ、ジャコウウシ、ケサイ、ヒグマなどが含まれる。このうち、最終氷期の北海道にはケナガマンモスやバイソン、ヘラジカなどが、東北から関東にかけては、バイソンやオーロックス、ヘラジカ、ヒグマなどが確認されている。なお、マンモスにはステップマンモスやコロンビアマンモスなどのいくつかの種があるが、北海道で確認されているのはユーラシア大陸に広く分布するケナガマンモスである。マンモスは北海道のみで確認されており、本州までは南下していない。

ナウマンゾウ

❷南方系のナウマンゾウ動物群

　最終氷期よりはるか以前の氷期に、大陸と陸続きになっていた時期（約63万年前、43万年前頃と推定されている）に渡来してきた南方系の動物群。ナウマンゾウのほか、ヤベオオツノジカ、ニホンムカシジカ、トラ（ヒョウ？）、オオカミなどがいる。現在の動物群であるイノシシ、ニホンジカ、カモシカ、ツキノワグマ、タヌキ、ニホンザル、アナグマ、ムササビ、テンなどもこのころに一緒に渡ってきた動物群と考えられている。

ケナガマンモス

ナウマンゾウの
分布北限

最終寒冷期に
できた氷の橋

ブラキストン線

ナウマンゾウ

オーロックス

バイソン

ヒグマ

ニホンムカシジカ

朝鮮
海峡線　　対馬
　　　　海峡線

ヘラジカ

ヘラジカの
分布南限

ヒグマの
分布南限

イノシシ

ツキノワグマ

ハイイロ
オオカミ

渡瀬線

ニホンジカ　　ヤベオオツノジカ

最終氷期における動物群とその分布（堤2009を改変）

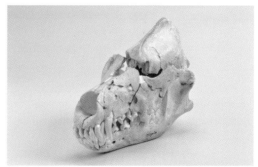

栃木県葛生産の更新世オオカミ生体復元模型（左）と頭蓋骨（約3万6,000年前、右）（国立歴史民俗博物館所蔵、総合展示第1室に展示）
更新世の日本列島には古い系統の大型オオカミが生息しており、ニホンオオカミの祖先は、この系統のオオカミと最終氷
期の後期に日本列島に入ってきた新しい系統との交雑により成立したことが、DNA分析より明らかになっている。

（国立歴史民俗博物館総合展示第1室のリニューアル展示、2019）

Outline

多くは国立歴史民俗博物館のリニューアル（2019年）のために描かれたもの。最終氷期の日本列島には、北方から渡来してきたと思われる大型動物が生息していた。これらの動物種の渡来時期は、正確にはわかっていない。一部の種を除き日本列島では最終氷期には絶滅した。

（『ポプラディア情報館　衣食住の歴史』2006）

ヘラジカ
日本列島では絶滅したが、現在は北米などに棲息する。大きな掌状の鹿角が特徴。

ハイイロオオカミ（更新世オオカミ）
栃木県葛生などで発見されている大型のオオカミである。いわゆるニホンオオカミの1.3倍ほどの大きさがある。

オーロックス
ウシの原生種。長野県野尻湖や岩手県花泉町などでみつかっている。

（『NHK 日本人はるかな旅 ①
マンモスハンター、シベリア
からの旅立ち』2003）

ケナガマンモス
最終氷期に北海道にはマンモスが南
下してきており、化石が発見されて
いる。シベリアでは永久凍土から冷
凍マンモスが多数見つかっており、
体毛などの特徴がわかっている。

ヒグマ
日本列島へは 3 回にわたって渡来してきた可能性があり、1 回
目は南からで、2・3 回目は北からのみであった。現在は北海
道のみに分布するが、最終氷期には本州まで分布を広げていた。

バイソン
最終氷期には本州まで分布しており、岩手県
花泉で全身骨格が発見されている。

（表示以外はすべて国立歴史民俗博物館総合展示第 1 室のリニューアル展示、2019）

（『ポプラディア情報館　衣食住の歴史』2006）

ナウマンゾウ
左上のイラストは、体毛は薄めに表現されている。ナウマンゾウは、43万年前にオオツノジカなどとともに渡ってきたと推定される。

ニホンムカシジカ
鹿角の２つ目の枝分かれまでが長くまっすぐなのが特徴である。63万年前に日本に渡ってきたようだ。

ヒョウ（※トラ）
当初、秋吉台などから見つかっている化石をもとにヒョウとして描いたが、化石の研究からは更新世の日本列島にはヒョウは存在せず、トラであるという指摘がある。

ヤベオオツノジカ
大きな掌状角が特徴的。体長 2.6m に達する日本最大のシカ類。

Outline

日本列島の南方系の動物たちは中期更新世（78万〜12.6万年前）には多くがすでに生息していたが、63万年前頃と43万年前頃に朝鮮半島との間にできた陸橋をわたってきた動物たちもいた。動物種の多くは、最終氷期最寒冷期前後に絶滅した。

ニホンジカ
シカの仲間は東アジア〜東南アジアに広く分布し、16亜種が知られている。そのうち7亜種が日本列島に生息する。

ツキノワグマ
中期更新世に朝鮮半島経由で渡来。本州と四国の落葉広葉樹林帯に生息する。

イノシシ
日本列島には本州・四国・九州にニホンイノシシが、南西諸島にリュウキュウイノシシが分布している。

カモシカ
中期更新世に渡来してきたと考えられる。

（表示以外はすべて国立歴史民俗博物館総合展示第1室のリニューアル展示、2019）

テン

ムササビ

アナグマ
日本列島では北海道以外の地域に生息する。

タヌキ
日本列島に広く分布する。

オオカミ
68 頁のオオカミとともに描かれた
試作的なラフイラスト。

ニホンザル
もっとも古い化石は、山口県秋吉台
で発見された約 50 万年前のもの。

キツネ
アカギツネは世界に広く分布するが、日本列島には
北海道にその亜種のキタキツネ、本州にはホンドギ
ツネが生息する。

ノウサギ
青森県の尻労安部洞窟から後期旧石器時代の多数の
骨が出土しており、旧石器人の重要な狩猟対象だっ
たようだ。

（国立歴史民俗博物館総合展示第 1 室のリニューアル展示、2019）

7 日本列島の後期旧石器時代の生活風景

後期旧石器時代のくらし（『ポプラディア情報館　衣食住の歴史』2006）
遠くにはナウマンゾウらしきものが闊歩し、獲物を解体して運ぶ
旧石器人と、手前では台石の上で石器を作る旧石器人などが描か
れている。後ろには木を集めて作ったテントが描かれている。石
器の作り方や住居、ほぼ半裸の毛皮の衣服など（夏のイメージだ
ろうか）、ステレオタイプな旧石器時代の生活のイメージとなって
しまっている。

Outline

　日本列島の旧石器時代の生活風景の
イラストはいくつか描かれてるが、現
在的な視点でみると違和感を感じる表
現となってしまっている部分もある。
情報量が少ない旧石器時代については
致し方ない部分もあるが、それも含め
て、復元イラストは「たたき台」でも
あるのだ。

火起こしをする旧石器人
（『ポプラディア情報館　衣食住の歴史』2006）
棒でこすって火を起こす様子をイメージしたイラスト。
旧石器時代には、このような火起こしの具体的な資料は
見つかっていない。縄文時代中期には出土例がある。

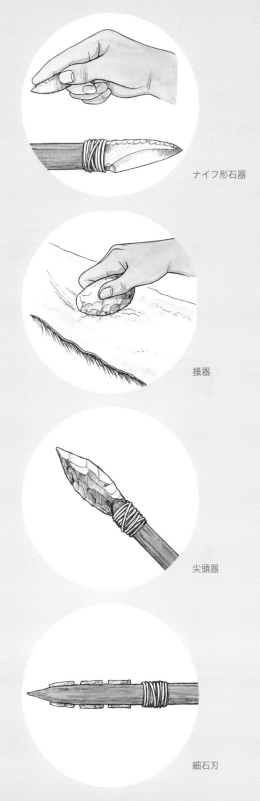

ナイフ形石器

掻器

尖頭器

細石刃

旧石器人（港川人）の全身
（『NHK 日本人はるかな旅 ②　巨大噴火に消えた黒潮の民』2003）
港川人骨格から推定した体つき。腕と肩が非常に細い
わりに、下半身は比較的丈夫な様子を示している。港
川人の「顔」のイラストはよく知られているが、全身
が描かれたイラストは貴重だ。

旧石器時代の石器の主な使いみち
（『ポプラディア情報館　衣食住の歴史』2006）
ナイフ形石器、尖頭器、掻器（スクレイパー）、細石刃の
４つの石器について、使用法を推定したイラスト。
柄の装着や細石刃の埋め込みがやや不自然である。

Outline

　「日本人はるかな旅展」（2001年）の際に描かれたもので、武蔵野台地の旧石器時代の古環境の変遷を、3つの時期に区分してイラスト化している。この図録には野川が断面図に描かれていることから、東京都小金井市野川中洲北（のがわなかすきた）遺跡の古環境分析などが参考にされていると思われる。

❶ 後期旧石器時代初頭

　このイラストの設定は立川ロームの下底部でXII層〜X層とされており、現在の年代観では3万8,000前とするのが良いだろうか。男性は右手に石斧を持っており、後期旧石器時代初頭をイメージしているようだ。ここでは、マツ属やスギ属の針葉樹を中心として、ハンノキ属、コナラ属、ケヤキ属、ヨモギ属、キク亜科が伴い、シダ植物が多く繁茂している植生として説明されている。浸潤な草原と温暖な気候で、現在の武蔵野台地の植生に近いとされるが、現在的な視点からみると、植生の被覆が少なすぎるように思う。

❷ 後期旧石器時代前半〜後半

　立川ローム層の中間部でIX〜IV層とされており、現在の年代観では、約3万4,000〜2万2,000年前頃と見ておけばよいだろうか。この図録では、植生的には、全体的に冷涼で、IV層上部では涼しさが緩和されていくと説明されている。考古学的にはこの時期は大きく2つに分けられ、石斧や環状ブロックなどを伴う後期旧石器時代前半期と、VI層より上位の後期旧石器時代後半期に相当し、後半期は最終氷期最寒冷期である。植生的には針葉樹の疎林と草原的な景観が描かれているが、イメージは後半期に近いだろうか。この時期はスギよりも、トウヒ属やチョウセンゴヨウ（マツ属単維管束亜属）などと、落葉広葉樹が混じる植生が広がっていたと思われる。

❸ 縄文時代草創期

　立川ローム最上部でIII層〜II層最下部とされており、現在の年代観では2万2,000〜1万5,000年前頃に相当するだろうか。考古学的にはナイフ形石器の終末から縄文時代草創期までが含まれると思われる。描かれた植生は落葉広葉樹の森と低地は草原的な環境になっている。槍先には大型の尖頭器のような石器が見られることから、縄文時代草創期のイメージだろうか。野川中洲北遺跡の第3植物化石層は、縄文時代草創期の泥炭層であり、ここではトウヒ属やマツ属などの針葉樹がほとんど見られなくなっていることから、そのような時期の植生を表現しているのだろう。

（『日本人はるかな旅展』2001）

9 環状のキャンプに集う旧石器人

（国立歴史民俗博物館総合展示第 1 室のリニューアル展示、2019）

Outline

後期旧石器時代前半期の日本列島で検出される環状ブロック群（石器集中がサークル状に分布するもの）は、日本列島の後期旧石器時代を特徴づける資料の一つである。これらは、当時の狩猟採集民のキャンプ地と考えられているが、日本列島全体で118遺跡146基が見つかっており、そのうちの約半数が千葉県に存在する。環状ブロック群をイメージした復元イラストとしては、長野県日向林B遺跡のものが代表的で、栃木県上林遺跡のCGによるイラストもよく知られている。これらのイラストでは最終氷期の針葉樹林中心の植生が描かれているが、南関東の場合、植生的にはもっと落葉広葉樹が多かったはずである。茨城県花室川の花粉分析でも、落葉広葉樹と針葉樹が交じる針広混交林が想定されている。

そこで、日向林B遺跡などのイラストとは異なる環境での環状ブロック群の様子を描くため、千葉県の下総台地の環状ブロック群を想定した復元イラストを作ることにした。主に参考にした酒々井町の墨古沢遺跡は、円環部の大きさが南北70m、東西60mの規模であり、石器総数は1万点に及ぶと推定されている、大規模な環状ブロック群である。

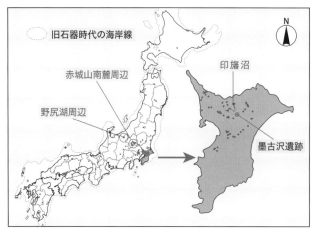

日本列島の環状ブロック群の分布
千葉県に集中していることがわかる。（酒々井町教育委員会提供）

千葉県泉印西市 泉北側第3遺跡の環状ブロック群
石器や石片が大きなサークル状に出土している様子がわかる。（千葉県教育委員会所蔵）

環状ブロック群

千葉県酒々井町
墨古沢遺跡の
環状ブロック群
平成27・29年度調査の様子。
平成11・12年の調査範囲は、
酒々井パーキングエリアと
なっている。
（酒々井町教育委員会提供）

針葉樹（トウヒ属など）

落葉広葉樹

テントの設営

石器製作

石斧

テントの覆い

狩猟動物解体

皮の縫合

❶落葉広葉樹と針葉樹が混じる環境

　墨古沢遺跡の炭化材の樹種同定では、点数が少ないものの
サクラ属などの落葉広葉樹や、トウヒ属が同定されており、
これらの植生が広がっていたことが想定される。ただし、環
状ブロック群は平坦な台地上の縁にあり、ブロックの北側に
は高崎川に注ぐ小さい谷の谷頭がある。谷の斜面沿いにはこ
れらの植生が多く広がっていることを想定した。

❷環状ブロック群でのくらしを描く

　墨古沢遺跡の環状ブロック群を南側からみて、左側の環状
ブロックの一部（平成11・12年度調査範囲）をイラストに描
くことにした。ここでは石器ブロックが約60箇所発見されて
いるが、どのような場所で石器製作が行われたのかについて
は様々な議論がある。テント状の施設があり、その内部で石器
製作を行ったという想定や、テント状施設の前面で石器製作を
行ったという想定もできる。円環部の中央部にも石器ブロック
は点在しており、中央部も石器製作の場であったと考えられる。
　そこで、イラストでは円環部を中心にテントを配置した。
一番手前のテントは組み立て中の様子である。支柱を運ぶ男
性の左手には局部磨製石斧を装着した斧がある。テントの覆
いは皮を縫い合わせたものであり、サミ族などの北方狩猟採

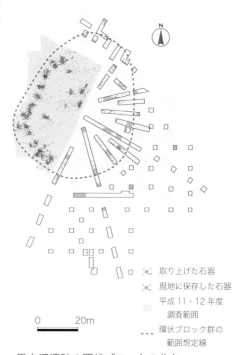

墨古沢遺跡の環状ブロックの分布
平成11・12年度の調査で環状ブロックのほぼ
西半分（ピンク色の部分）を検出した。
（酒々井町教育委員会提供）

　🔲 取り上げた石器
　🔲 現地に保存した石器
　　　平成11・12年度
　　　調査範囲
　- - - 環状ブロック群の
　　　範囲想定線

0　　　　20m

集民のテントを参考にした。手前で作業している女性は、皮を縫い合わせているところである。奥では狩猟して
きたシカを解体し、干し肉に加工している様子も描いたが、実際には環状ブロック群を形成した人々がここで石
器製作以外のどのような活動を行っていたのかは、わからないことだらけである。

（国立歴史民俗博物館総合展示第 1 室のリニューアル展示、2019）

❶伐採に使用	❸皮なめしへの転用
❷研ぎ直し	

Outline

　日本列島の後期旧石器時代前半期を特徴づける道具の一つに、局部磨製石斧がある。「世界最古の磨製石器」ともされる磨かれた刃部をもつこれらの石器は、これまで多数の遺跡で発掘されている。また、石斧を磨くための砥石もいくつかの遺跡から出土している。長野県信濃町日向林 B 遺跡はその代表的な例で、磨製 36 点を含む合計 60 点もの石斧が出土し、大小のバリエーション

も様々である。

　これらの局部磨製石斧の用途には諸説があるが、主には木材の伐採・加工具と考えられている。伐採・加工などに使用され、研ぎ直しによって小さくなった磨製石斧は、皮なめしの道具としても使用された可能性が考えられている。そこで、これらの石斧のライフヒストリーを、3 つの復元イラストによって視覚化することを試みた。

横斧の使用実験（山田昌久提供）
磯部保衛氏による伐採の写真を参考にイラストを制作した。

❶伐採に使用

まず、最初の復元イラストは伐採の風景である。後期旧石器時代前半期の局部磨製石斧はその形態的特徴から、縦斧ではなく横斧と考えられるため、膝柄に装着した横斧として復元した。斧と柄は細く切った革紐などで緊縛して固定している。伐採している木は、テントの支柱などに使うものと想定して、直径数cmの比較的細い木とした。

横斧で伐採する場合、剣道で面を打つような動作になるため、切りやすいのは腰の高さではなく、目線ぐらいの高さになる。石斧での伐採は、「切る」というよりも少しずつ木を「削る」ことになる。斧を打ち付ける男性の衣服や顔には木くずが飛び散ってくる様子を描き、伐採作業をよりリアルに感じられるように工夫した。

❷研ぎ直し

石斧の刃部は、伐採・加工作業によってダメージを受け、次第に鈍くなってきたり破損したりする。実際に、日向林B遺跡から出土した石斧には、刃部に大きな剥落があるものがある。小さな傷程度であれば、柄から石斧を外さずに着けたまま少し研ぎ直す程度だったかもしれない。しかし、大きな刃こぼれや折損があった場合には、再度大きく磨き直さなくてはならず、柄から外して砥石で磨き直したことだろう。

ここでは、いくつかの石斧を研ぎ直している状況をイメージした。男性の右側には、柄についたままの石斧と石斧が外された柄がある。研ぎ直しのために柄から石斧を外したところだろう。男性は、両手に力を込めて、石斧の刃部に磨きをかけている。この日はいくつかの石斧をまとめて磨くつもりなのか、近くには3点の石斧が転がっている。もしかしたら、石斧を研ぐ際には水を使用したかもしれないが、復元イラストには含めていない。

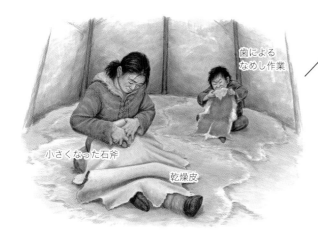

歯による
なめし作業

小さくなった石斧

乾燥皮

❸皮なめしへの転用

　堤隆氏による日向林B遺跡の石斧の使用痕の分析では、やや小型の石斧の刃部から、皮なめしの痕跡が確認されている。局部磨製石斧そのものが木材の伐採や皮なめしにも使う汎用的な道具であった可能性もあるし、小さくなって伐採・加工具としては使いにくくなったものを、皮なめし用に転用した可能性も考えられる。

　皮なめしの一般的な工程から考えると、スクレイパー等での作業は、剥がしたばかりの皮から肉や脂をこそぎ取る初期工程と、最後の仕上げの段階で柔軟になった乾燥皮をこすって表面を整えていく作業がある。

　今回の復元イラストでは、後者の仕上げの段階をイメージしている。テントの内部で女性が皮を膝の上におき、手でもった石斧で表皮をこすって柔軟にしている。膝の上の皮には板状のものを載せていて、そこに押し付けながら作業をしている様子をイメージした。

　小さくなった局部磨製石斧は、皮なめし作業をするにあたって柄に付けたほうが良かったのかもしれない。後期旧石器時代後半期に多い掻器は、おそらく柄に装着されて使用されていたと考えられる。北方民族例では縦型の柄と横型の柄があるが、どちらかを復元するのも難しいため、そのような柄は付けていない。ただし、イヌイットの皮なめし具には、石器にちょうど手で握れるくらいのサイズの柄をつけている例もあり（左下の写真）、女性の右手の下にはもしかしたら見えないだけで柄が着いているのかもしれない（復元イラストでは、不明な部分を隠して表現する方法をとった）。

　なお、右側の少年は、別の小型獣の毛皮を歯で噛んで鞣している。皮なめしの作業では、歯を使うことも頻繁にあったことだろう。

長野県日向林B遺跡出土局部磨製石斧、砥石（複製）
（現品：長野県立歴史館所蔵／複製：国立歴史民俗博物館所蔵）
大型のものから小型のものまでバリエーションがある。

日向林B遺跡出土石斧の皮なめしによる使用痕の例（堤隆提供）

石器→

←木製の柄→

イヌイットの皮なめし具（カナダ、18〜19世紀）
（北海道立北方民族博物館所蔵）
縦型の柄の先端に石の刃がつけられている。旧石器時代の掻器と呼ばれる石器にも、なんらかの柄がつけられていたはずだ。

11 後期旧石器時代の落とし穴

（国立歴史民俗博物館総合展示第1室のリニューアル展示、2019）

白い丸印が長方形の落とし穴の配列の一部。

□ 長方形の落とし穴
● 円形の落とし穴

0   20m

国立歴史民俗博物館に展示されている落とし穴

神奈川県船久保遺跡で検出された
落とし穴状遺構の分布図と写真（神奈川県教育委員会提供）

❶落とし穴猟を描く

　落とし穴を描く場合、当時の状況としてどのようなシーンが考えられるだろうか。①落とし穴に動物が落ちる、②落ちた動物を旧石器人が確認する、③落ちた動物を仕留める、④落ちた動物を穴から引き上げる、⑤引き上げた動物を解体する、もしくはそのまま運ぶ、などの状況が想定されるのではないか。旧石器時代の落とし穴の復元例では、国立科学博物館の模型がよく知られている。これは落とし穴に落ちたシカを旧石器人が上から槍で狙っている状況であり、②に該当する。国立歴史民俗博物館の総合展示に設置した船久保遺跡の落とし穴断面剝ぎ取りと旧石器人模型も②である。

❷落ちたシカを引き上げる

　この復元イラストでは、これまでと異なる④のシーンを選択した。落ちた動物はシカ（ニホンジカをイメージして描いている）とし、今回は前足から穴にかかり頭から落ちたと想定した。シカは絶命したかほとんど力尽きており、ぐったりとした様子である（落ちた獲物がまだ弱っていない場合には、危険なのでトドメを刺すか気絶させたであろう）。頭から落ちたとすれば、引き上げるには後ろ足を引っ張ったのではないだろうか。シカ自体もかなり重量があるだろう。２人の旧石器時代男性が力いっぱい引き上げている。この後、解体するなどしてキャンプ地に運んだことだろう。

落とし穴に獲物が
落ちていないか
覗き込む旧石器人
（国立歴史民俗博物館）

船久保遺跡で検出された落とし穴状遺構の
断層剝ぎ取り展示（国立歴史民俗博物館）

Outline

　後期旧石器時代前半期を特徴づけるものに、局部磨製石斧、環状ブロック群、そして落とし穴と考えられる土坑列がある。静岡県の箱根・愛鷹（あしたか）山麓の遺跡群や、神奈川県の三浦半島の遺跡などでこれまで落とし穴と推定される多数の土坑群の検出例がある。最近でも、神奈川県横須賀市船久保遺跡で、少なくとも２時期に区別される合計42基の土坑が見つかった。土坑は平面形が円形と長方形の２種類があり、それぞれ配列と時期が異なると推定されている。これらが落とし穴だとすれば、丘陵の谷沿いに追い込んだ動物を落とす追い込み猟か、土坑に動物が落ちるのを待つ罠猟に使われたと推定される。ただし、狩猟された動物の種類などは遺跡出土資料からは全くわからない。土坑の規模から考えて、シカやイノシシなどの中型動物と推定される。

（国立歴史民俗博物館総合展示第1室のリニューアル展示、2019）

12 黒曜石の山をめざす最終氷期の旧石器人

❶黒曜石を採取する

　後期旧石器時代の人々は、中部高地の霧ヶ峰に登り、周辺の沢沿いで黒曜石を採取して石器製作を行い、黒曜石を周辺地域にも搬出した。長野県長和町 広 原湿原では、和田川に注ぐ小さな沢が地すべりによってせき止められて緩やかな斜面に湿原が形成されているが、もともとは緩やかに水が流れる小さな谷地形だったのだろう。イラストでは、岩肌が露出した沢で、旧石器人が黒曜石を拾ってその質を確かめつつ、革袋に詰めている。周辺の植生の被覆は乏しい。沢のすぐ脇の尾根上には後期旧石器時代前半期～後半期の石器製作跡も見つかっており、採取した黒曜石を試し割りしたり、原石や製品に加工して搬出したのかもしれない。

❷霧ヶ峰の自然環境

　後期旧石器時代後半期は、最終氷期最寒冷期とその直後にあたるが極めて寒冷な時期である。和田峠に近い、標高約1,400mの広原湿原では湿原堆積物の花粉分析によって、この時期、周辺には亜寒帯性針葉樹とカバノキ属やコケスギランからなる植生が広がっていたが、地表は不安定で植生の被覆が乏しい非森林域が広がっていたことがわかっている。このような分析をもとに自然環境を描いた。冬期に山に入り黒曜石を採取することは考えにくいため、季節は夏とした。なお、復元イラスト作成後に「もう少し樹木が少なく、がれ場のような場所だったのではないか」とのコメントを吉田明弘氏からいただいた。復元イラストのイメージは、やや植生が回復した晩氷期のイメージに近いかもしれない。

広原湿原での古環境調査（工藤雄一郎撮影）
明治大学黒曜石研究センターが2011年度にトレンチやボーリングによる調査を行い、花粉分析や年代測定などを実施した。

オーストリアのフォッチャー渓谷
（吉田明弘提供）
最終氷期最寒冷期の設定であれば、このように植生の被覆がもっと少ない環境を想定するべきだったかもしれない。

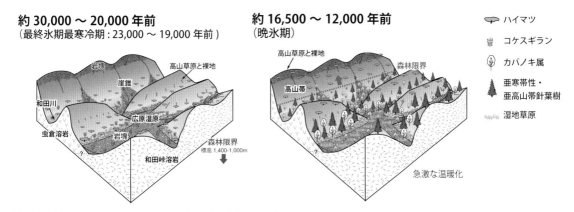

約30,000〜20,000年前
（最終氷期最寒冷期：23,000〜19,000年前）

約16,500〜12,000年前
（晩氷期）

花粉分析から推定された広原湿原周辺の景観復元モデル（吉田2019）

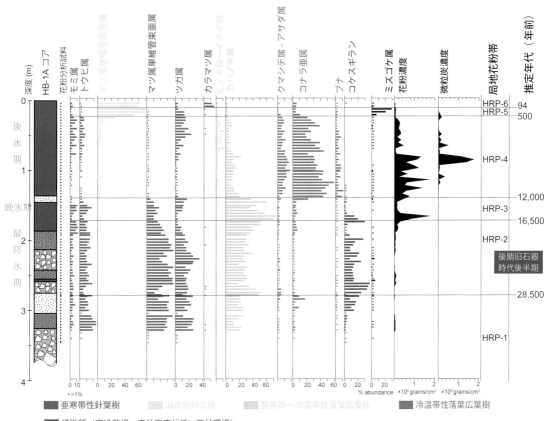

広原湿原の主要な花粉組成図（明治大学黒曜石研究センター）
約2万8,500〜1万6,500年前の後期旧石器時代後半期に、森林密度が低い疎林環境を示す標徴種や亜寒帯性針葉樹などが多くなっている。

Outline

　霧ヶ峰周辺には後期旧石器時代の原産地遺跡や縄文時代の黒曜石採掘遺跡が形成された。霧ヶ峰の星糞峠のふもとを流れる鷹山川では、良質の黒曜石を拾うことができ、周辺には多数の石器製作跡からなる鷹山黒曜石原産地遺跡群が形成されている。霧ヶ峰の山頂付近に埋没している黒曜石は、周辺の沢や川では転石となっており、石器製作に適した良質の黒曜石原石が採集できたと考えられる。霧ヶ峰産の黒曜石は、関東平野にまで運ばれている。

（国立歴史民俗博物館総合展示第1室のリニューアル展示、2019）

13 神津島に向けて漕ぎ出す旧石器人
こ う づ し ま

❶カヤックでの長距離航海

　細石刃文化期の航海を想定した。この時期に石斧
は見つかっていないため、舟は革張りのカヤックと
した。晴れて穏やかな浜辺には海を見つめる二人の
男性が立っている。視点の先には遠くにうっすらと
一番近い島が見える。3艘のシーカヤックは、航海
の準備を整えている最中で、天候、海流などから航
海のチャンスをうかがっている状況をイメージし
た。航海にのぞむ男性たちは、黒曜石の入手への期
待に胸を踊らせていたのだろうか。

　手前には、航海に必要な水食料、道具類などを入
れるための革袋を準備している女性と子供を描いた。
旧石器時代の人々にとって、良質な石器石材を入手
することは極めて重要であった。とはいえ、危険な航
海を見守る家族はどのような心境だったのだろうか。

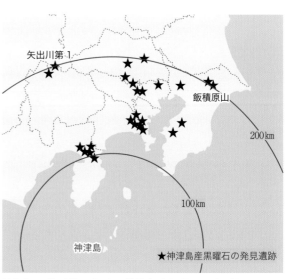

後期旧石器時代における神津島産黒曜石の広がり
（堤2009より作成）

神津島砂糠崎の露頭 （工藤雄一郎撮影）
崖面に黒く見える箇所が黒曜石を含む層。質は恩馳島より悪く、砂糠崎産は旧石器時代には利用されていない。

❷伊豆半島から神津島を目指す

　神津島への航海については、国立科学博物館が監修した復元イラストがよく知られており、丸木舟ではなく革張りのカヤックで神津島へ航海し、黒曜石を入手して荒波の中へ漕ぎ出す風景を描いている。ここではそのイラストを参考にしつつ、それとは対象的に、伊豆半島から、神津島を目指す人々の航海前の状況をイメージした。

恩馳島 （工藤雄一郎撮影）
海底に良質の黒曜石が眠っている。後期旧石器時代の当時は神津島と陸続きになっていた。

千葉県酒々井町飯積原山遺跡出土の細石刃核（上）と細石刃（下）
千葉県内の遺跡でも神津島産黒曜石が多数出土している。
（公益財団法人千葉県教育振興財団承諾）

神津島沢尻湾にみられる黒曜石転石 （工藤雄一郎撮影）

Outline

　後期旧石器時代の人々は、移動性の高い遊動生活をしていた。こうした移動の証拠は、使用された石器石材の産地同定から推定することができ、とくに黒曜石の分析から多くの事実が判明している。関東・中部地方の主要な黒曜石原産地は、中部高地（和田峠や霧ヶ峰など）、伊豆、箱根、高原山、神津島などがある。

このうち、神津島は最終氷期最寒冷期においても遠く離れた海上にあったが、後期旧石器時代前半期と、同後半期の細石刃文化期に、神津島産の黒曜石が関東平野の遺跡で出土している。これらの時期に、旧石器人は神津島産の黒曜石を入手するために伊豆諸島の島々を経由するような航海をしていたことになる。

14 良質な黒曜石を交換する旧石器人

（国立歴史民俗博物館総合展示第 1 室のリニューアル展示、2019）

長野県南牧村矢出川第 1 遺跡出土細石刃核と細石刃（明治大学博物館所蔵／工藤雄一郎撮影）
上段：信州産黒曜石　下段：神津島産黒曜石
野辺山高原の標高 1,340 m に位置する矢出川第 1 遺跡では、神津島産と信州産の両方の黒曜石製の細石
刃石器群が出土している。

●遠い場所まで運ばれた黒曜石

復元イラストは黒曜石が原産地から遠くまで運ばれた状況を想定し、お互いの石器石材を見せ合いながら黒曜石を交換する様子をイメージした。場所は南関東のとある場所で、季節は秋を想定した。中部高地で生活していた集団が、冬を前に平野部まで移動してきた先で、在地の集団と出会った。彼らは神津島産の黒曜石を持っていた。右側の男性の左手に持つ袋には、黒曜石の原石が入っている。右手にはいくつかの原石を持ち、左側の男性に見せようとしている。「どうだ！いい黒曜石だろう！」とドヤ顔の旧石器人である。左側の男性は中部高地から移動してきた集団の一人で、自分が持ってきた中部高地産の黒曜石と、神津島産の黒曜石を、慎重に見比べている。光にかざして透明度や不純物の有無などを確かめているのだ。左肩には、持ち歩いていた細石刃を埋め込んだ植刃槍をかけている。石器石材の交換の交渉はスムーズに進んだのだろうか。食料や他の道具類と交換することもあったのだろう。

細石刃文化期の黒曜石の2大原産地とその流通（堤 2011 を改変）
後期旧石器時代の関東平野における石器石材の流通（右上：八街市郷土資料館編 2012 を改変／国立歴史民俗博物館提供）

Outline

　後期旧石器時代後半期の細石刃文化期の遺跡である、長野県の野辺山高原に所在する矢出川第1遺跡では、神津島産の黒曜石が確認されており、神津島産の良質の黒曜石は、旧石器人の移動および石器石材の交換などによって、200km以上離れた遠隔地にまで運ばれることがあった。

15 石器を作る

❶直接打撃

　叩き石を右手で持ち、小さめの石刃核から石刃を剥離する様子である。黒曜石ばかりにならないように、復元イラストは珪質頁岩の石材を剥離している状況にした。ただし、珪質頁岩を剥離するのなら、写真のようにもう少し大きめのハンマーでも良かったかもしれない。ハンマーの種類は剥離の深さや厚さに応じて使い分けていたことだろう。なお、本書を編集する際に、これらのイラストでは石器製作の説明としてはやや不十分かもしれないと思い、現代の石器製作スペシャリストである大場正善氏から動画と写真を提供していただいたので、参考資料として写真を提示した。

直接打撃の例（大場正善提供）

❷間接打撃

　小さな鹿角製のパンチを打点にあて、パンチの上部を礫で叩く状況にした。固定具などは描きにくかったため、左足で押さえて角度を調整しつつ、叩く角度とタイミングを見計らっている状況である。石核が見えるようにあえて足の裏で支えたが、実際には、写真のように足の腿で挟まないと不安定で角度が調整できないだろう。大場正善氏によると、パンチの向きも外側に湾曲しているほうが良いとのことだ（イラストはパンチの曲がりが内向きになってしまっている）。

間接打撃の例（大場正善提供）

Outline

　後期旧石器時代から縄文時代草創期にかけて、石器製作に使用された主な剥離技法について描いた。直接打撃、間接打撃、押圧剥離の3パターンである。

　国立歴史民俗博物館の総合展示第1室では、白滝遺跡群の両面調整石器を題材とした、石器製作の生体復元模型を展示している。その周囲の展示ケースでは白滝遺跡群など遺跡から出土した石器を展示するとともに、石器がどのように製作されているのかについて、剥離技法などを簡単に解説している。

Chapter 2 旧石器人のくらし

❸押圧剥離

　黒曜石製の両面調整尖頭器の最終調整に用いている状況をイメージした。右手に持つやや先端が尖った鹿角製のパンチを右手で持ち、これから押し剥がすところである。両面調整尖頭器は、左手だけでは固定しにくいため、本来的には左足の太ももの上などの上に手を置いて、左手で角度などを調整しながら押圧していくのだろう。また、素手ではなく、写真のように皮などで挟んで持って手に怪我をしないようにしていたことだろう。しかし、こうした小道具や足を書き足すとイラスト的にはかえって複雑となり押圧剥離の手元の動作がわかりにくくなることから、あえて手と石器のみを描いた。

押圧剥離の例（大場正善提供）

石器製作模型（国立歴史民俗博物館）
北海道の白滝遺跡群から出土した両面調整石器をモデルとして、両面調整石器を製作する最中の風景を模型としたもの。
男性は右手に鹿角製のハンマーを持ち、直接打撃により剥離している。
なおこの模型のポーズは、遠軽町埋蔵文化財センターの瀬下直人氏に石器製作の実演をしてもらった際の動作に基づいている。

（国立歴史民俗博物館総合展示第1室のリニューアル展示、2019）

16 赤と黒の顔料を使った旧石器人

（国立歴史民俗博物館総合展示第1室のリニューアル展示、2019）

柏 台 1 遺跡出土の顔料と台石
（北海道立埋蔵文化財センター所蔵／国立歴史民俗博物館提供）
赤色の顔料は、クレヨン状に削れている。台石には、
赤い顔料を擦った痕跡が確認できる。

Outline

　北海道千歳市柏台1遺跡では、不定形剥片石器群とともに擦痕がありクレヨン状に削れた赤色礫・黒色礫、台石が出土している。これらの礫の材質は、赤色礫が針鉄鉱や磁赤鉄鉱、安山岩、黒色礫が二酸化マンガンと分析されている。それらが付着した台石も出土していることから、赤色礫・黒色礫は顔料と考えられる資料で、台石に擦ることによって粉にし、水や獣脂などに混ぜて使用したものと推定されている。

❶旧石器人と顔料

　復元イラストでは、赤と黒の顔料を台石で粉にしている様子を描いた。女性が赤色顔料を右手で握り、台石の上で擦って粉にしている状況である。すぐ台石の脇には赤色顔料の小礫が2つ置いてある。左手の近くには、すでに擦って粉末状にした黒色顔料が置かれている。粉にした顔料はなにかの袋にまとめるのか、すぐに毛皮の着色などに使用するのかはわからない。ただし、下に敷く物などがないと粉が散逸してしまうため、小さ目の皮を敷いて作業している状況にした。

　なお、女性が着ている毛皮の衣服は顔料で着色されたものではなく、煙などでいぶして着色した皮をイメージしている。

赤色礫（磁赤鉄鉱）を粉にしている様子をイメージした。

黒色礫（二酸化マンガン）を粉にした様子をイメージした。

❷顔料は何に使った？

　柏台1遺跡では多数の掻器とともに顔料と台石が出土していることから、これらの遺物が皮なめし作業となめし後の着色などに関係していた可能性も指摘されている。北海道の後期旧石器時代後半期の遺跡では顔料と思われる資料が他にもいくつかの遺跡で出土しており、また同時期の遺跡である北海道知内町湯の里4遺跡では、赤色顔料の土壙墓への散布の例がある。赤色顔料は、遺体の埋葬時などにも使用された可能性が考えられる（☞98頁）。

柏台1遺跡出土の掻器

（北海道立埋蔵文化財センター所蔵／国立歴史民俗博物館提供）

遺跡からは掻器が多数出土しており、この場所で皮革加工が盛んに行われていたことがわかっている。

17 墓と死者への祈り

（国立歴史民俗博物館総合展示第１室のリニューアル展示、2019）

北海道湯の里４遺跡の土壙墓の検出
（北海道立埋蔵文化財センター所蔵）

湯の里４遺跡の
琥珀製垂飾の検出状況
（北海道立埋蔵文化財センター所蔵）

Outline

　北海道知内町湯の里4遺跡では、細石刃石器群に伴って土壙墓が1基検出されている。土壙墓の大きさは1.1×0.9mである。

　土壙墓からは副葬品と考えられる石器や石製品が出土した。出土した遺物は石刃石核が4点、かんらん岩製の玉や垂飾、琥珀製垂飾などである。また土壙の底部からは、石核などの遺物出土場所の周辺に赤色土壌が濃密に分布していたことが記録されており、埋葬時に赤色顔料が撒かれた可能性が高いと考えられる。後期旧石器時代における墓の事例として、極めて重要な資料である。

❶旧石器人の墓

　復元イラストは、土壙墓に死者を埋葬する状況とした。被葬者は、石刃石核などが副葬されている点から、生前に石器製作作業を行っていたと考え、男性の可能性を考えた。土壙のサイズから考えて屈葬の姿勢をイメージしたが、実際には、埋葬するときには全身を毛皮などで包んでいたかもしれない。

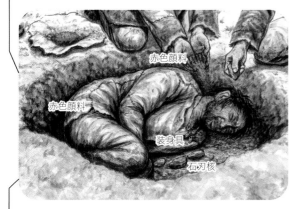

湯の里4遺跡の土壙墓から出土した石刃石核（複製）
（現品：知内町郷土資料館所蔵／複製品：国立歴史民俗博物館所蔵）

湯の里4遺跡の土壙墓から出土した
アクセサリー類（複製、琥珀垂飾は復元複製品）
（下：複製品を紐に通した状態）
（現品：知内町郷土資料館所蔵／複製品：国立歴史民俗博物館所蔵）

❷埋葬と祈り

　土壙の底部に赤色土壌が分布していたことから、顔料を床面に撒いてあるところを描いた。ただし、イラストにする都合上、顔料を撒いているシーンを目立つようにしたかったため、遺体を土壙に置いたのちに上からも撒いているような状況になっているが、あくまで「遺体の下」に赤色顔料を撒いた、と想定している。右側の男性は、石刃石核を遺体のそばに添えるところである。出土した玉と垂飾りは被葬者が身につけていたものと推定し、首には玉と垂飾を組み合わせたネックレスを描いた。彼らは、どのような祈りを捧げたのだろうか。

　実は、北海道埋蔵文化財センターに資料見学に行った際に、同センターの長沼孝さんと湯の里4遺跡のイラストについてお話したところ、旧石器時代や縄文時代の墓で、遺体の上から顔料が撒かれていると考えられる例はないと教えていただいて、イラスト完成直前の最後の最後で慌ててイラストを修正した、という経緯がある。

99

18 アクセサリーを着用した旧石器人

（国立歴史民俗博物館総合展示第1室のリニューアル展示、2019）

平面

側面

北海道 柏台1遺跡から出土した琥珀玉
（北海道立埋蔵文化財センター所蔵）

北海道美利河1遺跡から出土した石製玉類（複製）
（現品：今金町教育委員会所蔵／複製品：国立歴史民俗博物館所蔵）

Outline

北海道千歳市柏台1遺跡からは、後期旧石器時代後半期の細石刃石器群に伴って琥珀製の玉が1点出土している。直径1cmほどの大きさで、他に石製玉類などは出土していない。

北海道知内町湯の里4遺跡では、土壙墓から琥珀製垂飾、石製垂飾と玉類が出土していることから、この時期にネックレス状の装身具を身につける文化があったことがわかる。前頁のとおり、湯の里4遺跡は、被葬者を男性と考えて復元した。北海道今金町美利河1遺跡にも、同時期の石製玉類の出土例がある。

❶ネックレスを着ける

柏台1遺跡の琥珀玉の使用状況の復元イラストでは、母親が娘に琥珀玉のネックレスを着けている状況をイメージしてみた。

柏台1遺跡の例では、具体的な装着状況や被葬者の情報は一切わからなかった。湯の里4遺跡のイラストでは男性を中心に描いたため、あくまで「イラスト全体の性別バランス」を考慮した結果、女性となっているだけである。また、湯の里4遺跡や美利河1遺跡の玉類のように（これらの遺跡でも実際には出土した玉類よりも遥かに多くの玉類が連なっていただろう）、複数の玉類が連なっていた可能性も十分に考えられるが、柏台1遺跡では出土したものが1点のみであることから、1点を紐に通してネックレスとして描いた。

柏台1遺跡出土琥珀玉
（復元複製品、下は複製品を紐に通した状態）
（現品：北海道立埋蔵文化財センター所蔵／複製品：国立歴史民俗博物館所蔵）

美利河1遺跡の石製玉類
（複製品を紐に通した状態）
（現品：今金町教育委員会所蔵／複製品：国立歴史民俗博物館所蔵）

❷琥珀はどこから？

琥珀の産地は、日本列島内では岩手県の久慈産や千葉県銚子産が有名である。最終氷期最寒冷期前後の北海道は海水準の低下によってサハリンと陸続きとなっており、古サハリン−北海道半島として大陸とつながっている。サハリンでも良質の琥珀が採集できることから、湯の里4遺跡や柏台1遺跡の琥珀製品はサハリン産の可能性も考えられる。

Chapter 3

縄文人のくらし

解　説

　日本列島で土器が出現して以降、北部九州で水田稲作文化が始まるまでの間を日本考古学では縄文時代としている。年代的には約 1 万 6,000 〜 2,900 年前である。石井礼子さんのイラストのなかでも点数が一番多いのがこの時代だ。

　このうち、縄文時代草創期に関係するイラストは、2009年の国立歴史民俗博物館企画展示「縄文はいつから !?」の際に描かれたものがほとんどである。日本列島で最古の土器が出現した頃はどのような環境だったのかを比較するために作成した、大平山元 I 遺跡と前田耕地遺跡の復元イラストはその代表的なものだ。「槍・投槍器・弓矢」のイラストも、縄文時代草創期の狩猟具である石器の変化をイメージしてもらうために作成した。大正 3 遺跡の北海道最古の土器の煮炊きの様子は国立歴史民俗博物館のリニューアル展示のために描いたもので、この 10 年で進展があった土器付着炭化物の分析の成果に基づくものだ。

　縄文時代において、より定住的な生活が始まってからのイラストは、なんといっても青森県三内丸山遺跡のイラストが多い。1990 年代から 2000 年代にかけてのトピックの一つであったし、国立歴史民俗博物館、国立科学博物館の企画展示においても扱われる機会が多かったためだ。ただ、監修者がそれぞれ違うので、描かれている内容にも少しずつ違いがあるのが興味深い。また、国立歴史民俗博物館の企画展示「北の島の縄文人」（2001 年）でも最北端の縄文人の生活の様子に関する多くのイラストが制作されている。

　植物利用関係のイラストは、国立歴史民俗博物館の企画展示「水辺と森と縄文人」の際のものが多く、また、筆者が監修した東京都下宅部遺跡に関係するイラストもかなりの数がある。植物の栽培といった「高度な植物利用」（クリやマメ）と、「漆文化」が鍵となっている。編みかごの製作のイラストにもぜひ注目して欲しい。　　　　　　　　　　（工藤雄一郎）

1 最古の土器を使った縄文人のキャンプ地
―青森県大平山元Ⅰ遺跡―
おおだいやまもと

(『縄文はいつから⁉ ―1万5千年前になにがおこったのか―』2009)

ダケカンバも
混じっている

亜寒帯性針葉樹林

木の伐採

動物の解体

草原をイメージ
シカの群が移動
している

アカエゾマツ
をイメージ

枝が垂れていな
いのは、カラマ
ツをイメージ

食べ物の煮炊き

ヤナギ

オオイタドリ

フキ

蟹田川

水流の方向

❶亜寒帯性針葉樹の林

　大平山元Ⅰ遺跡で最古の土器が使われた頃の
北東北は、どのような環境だったのだろうか。
これを知る鍵となる、約1万5,600年前に十和
田火山から噴出した十和田八戸火山灰に埋もれ
た埋没林が、三八上北地方で発見されている。

　この埋没林の樹種同定による研究では、当時
の北東北はトウヒ属（アカエゾマツなど）やカ
ラマツ属（カラマツなど）、モミ属の亜寒帯性針
葉樹林に覆われていたことがわかっている。

　したがって、土器が出現した頃の北東北は、
現在とは全く違っており、いわゆる縄文的な森
林植生はなく、氷期と変わらない植生だった。
そこで植生景観の復元には、宮城県富沢遺跡の
後期旧石器時代の埋没林の研究に基づく復元イ
ラストを参考とした。

　遺跡が見つかった台地のすぐ下には蟹田川が
流れている。氷期には海水準が低下して浸食作
用が進み、現在よりも深い谷になっていたと思
われる。台地上には植生がまばらで、谷には広
葉樹の灌木、オオイタドリ、フキが生えており、
低地には草原的な植生が広がっていることをイ
メージした。

青森県大平山元Ⅰ遺跡の遠景写真
（2004年撮影、外ヶ浜町教育委員会提供）
写真奥の森の手前を流れるのが蟹田川。
復元イラストは、この写真の右上側から遺跡を眺めた様子。

大平山元Ⅰ遺跡の1998年の発掘調査
（國學院大學考古学研究室提供）
写真中央のグリッドを中心に土器が出土した。

❷木の伐採

1976年の調査では大型の局部磨製石斧（写真左）が、1998年の調査では刃部が磨かれていない石斧（未製品？、写真右）が出土している。これらは、木材伐採などに使用された石斧と考えられる。

出土した石斧は木材の伐採具と考え、木を切っている人を復元した。

大平山元Ⅰ遺跡出土の石斧
（左：青森県立郷土館所蔵、右：國學院大學考古学研究室所蔵／小川忠博撮影）

❸動物の解体・皮革の加工・骨角器の加工

動物の解体や皮革加工、骨角器の加工に用いられたと推定される石器である彫掻器が、多数出土している。

大平山元Ⅰ遺跡出土の彫掻器
（國學院大學考古学研究室所蔵／小川忠博撮影）

❹食べ物の煮炊き

小さな土器片ばかりだが、いくつかの破片には炭化物が付着しており、煮炊きに使用されたことは明らかである。

大平山元Ⅰ遺跡出土の無文土器片
（國學院大學考古学研究室所蔵／小川忠博撮影）

Chapter3 縄文人のくらし

Outline

「縄文はいつから!?」展（2009年）の際に描いたもの。日本列島で最古段階の土器が出現した青森県外ヶ浜町大平山元Ⅰ遺跡の景観を、出土資料や年代測定など最新研究から復元した。年代測定成果からは、約1万6,000年前頃とされる。グリーンランド氷床コアによる研究では、十和田八戸の噴火は15,635±113年前と推定されているため、復元イラストは十和田八戸（To-H、To-HP）の大噴火直前の北東北を想定した。

蟹田川に面した台地上では、数人の人が焚き火を囲んで作業をしている様子を描いた。この遺跡からは、住居状遺構は検出されていないため、短期間のキャンプ地をイメージした。

2 縄文時代草創期のサケ漁のキャンプ？
―東京都前田耕地遺跡―

(『縄文はいつから⁉ ―１万５千年前になにがおこったのか―』2009)

冷温帯落葉広葉樹

かつての住居跡

テントの住居

食べ物の煮炊き

尖頭器の製作

サケの加工

秋川

サケ漁

❶冷温帯落葉広葉樹の林

　縄文時代草創期の前田遺跡周辺の植生は、東京都小金井市野川中洲北遺跡の植物化石層のデータを参考とした。青森県大平山元Ⅰ遺跡とは環境が大きく異なり、南関東のこの時期にはコナラ亜属が主体の冷温帯落葉広葉樹がすでに拡大していた。

　秋の前田耕地遺跡では、ミズナラが褐色に色づき、カエデも赤く紅葉していただろう。南関東に多かった常緑性針葉樹のチョウセンゴヨウの一部はまだ残っていたかもしれない。川沿いにはヤナギの低木やイタドリ、フキなども生えていたことだろう。

❷サケ漁と縄文人

　低位段丘上では、秋川や多摩川で採取した原石を用いて石器製作が行われている。尖頭器の用途は不明だが、遺跡の立地や出土したサケ科顎骨などから、遡上してくるサケを刺突具で捕獲している様子をイメージした。サケの腹を開いて乾燥させている状況は、想像図である。簡易的な屋根があったかもしれない。

サケを槍で突く

さばいたサケを乾燥させる

東京都前田耕地遺跡出土のサケ科顎骨（東京都教育委員会所蔵）

0　　　　　　　　　　5cm

❸住居を描く

遺跡からは見つかった2軒の住居状遺構をもとに、復元イラストを描いた。住居状遺構は2軒同時存在だったか、存在時期が異なる2時期の1軒ずつだったのかが議論となった。このイラストでは、存在時期が異なっていたと想定し、1軒はかつての住居跡の痕跡として描き、もう1軒はテント状に復元した。

住居の近くで土器で煮炊きしている人たちは、サケを調理していたのだろうか。

なお、実際にはもう少し広い段丘面に遺跡は立地しているが、絵にする都合上、距離感はデフォルメしてある。

住居の近くで、土器で
煮炊きしている縄文人

外面　　　　　　内面

前田耕地遺跡出土無文土器
（東京都教育委員会所蔵）

前田耕地遺跡17号住居跡（東京都教育委員会所蔵）

尖頭器の製作
槍先として
使われたか

前田耕地遺跡出土尖頭器（東京都教育委員会所蔵）
長大で美しく加工された尖頭器が多数出土し尖頭器製
作に関わる膨大な点数の石屑も出土している。

Chapter3　縄文人のくらし

Outline

「縄文はいつから!?」展（2009年）の際に描いたもの。東京都あきる野市前田耕地遺跡は、秋川の段丘上に位置する縄文時代草創期の遺跡である。遺跡からは多数の石槍やその未製品、石器製作時の大量の石屑とともに、1個体分の無文土器と2軒の住居状遺構が見つかった。住居状遺構からはサケ科の魚骨が大量に見つかっており、おそらく秋の居住地だったのだろう。当時の生業活動の一端を垣間みることができる、縄文時代草創期としては数少ない遺跡の一つである。

なお、最近になって住居状遺構出土炭化材の放射性炭素年代測定が行われており、1万5,900～1万5,200年前の間に集中する5点の測定結果が得られている。

3 北海道最古の土器と煮炊きの様子
―大正3遺跡の爪形文土器―

（国立歴史民俗博物館総合展示第1室のリニューアル展示、2019）

❶ 縄文人は何を煮炊きして食べた？

　北海道帯広市大正3遺跡の土器については、付着炭化物の炭素・窒素安定同位体分析や残留脂質分析が行われており、海産物を含む水産資源を煮炊きしていた可能性が指摘されている。遺跡自体は現在の海岸線からも約50km離れており、海産物であるとすれば、十勝川を遡上してきたサケやマスなどの魚を煮炊きしていた可能性が考えられる。

　そこで、このイラストでは、サケを煮炊きしている様子を復元した。土器の中にはぶつ切りにしたサケの頭が見える。北海道アイヌは採集した植物などとともにサケを煮るごった煮のような調理を行っており、類似した状況を想定した。土器は遺跡から出土した爪形文土器をモデルにした。

　右側の女性は、フキを敷物にして、サケをぶつ切りにしているところである。大正3遺跡では黒曜石製の両面調整石器などが出土しており、それらを使って切り身にしている様子をイメージした。

　なお、焚き火では別に採取した動物の肉を串焼きにしている様子を描いたが、これはとくに根拠があって描いたわけではなく、なにかを食べている子供をイラストに描きたかったためである。

❷ 気候と服装

　後期旧石器時代が終わって縄文時代に入り、草創期の約1万4,000年前頃は晩氷期の中でも比較的温暖である。しかし、気候が温暖化したとはいえまだ最終氷期の末期であり、現在よりも寒冷であったこと、場所が北海道であること、サケが遡上してくるのが主に秋が中心となることから、衣服はそれなりに防寒対策を考慮したものとした。

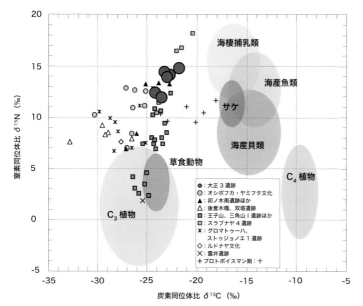

黒曜石の削器を使って
サケを切り身にする

北海道大正3遺跡出土爪形文土器付着炭化物の
炭素・窒素安定同位体分析（國木田 2020 を改変）

大正3遺跡の土器付着炭化物（⬤）は、炭素・窒素同位体比が高く、海
産物に近い傾向が示されている。

大正3遺跡で
爪形文土器とともに出土した石器

（帯広百年記念館所蔵／佐藤雅彦撮影）

小型の尖頭器や掻器、削器などが多い。
復元イラストでは、削器をナイフのよ
うに使用しているイメージで描いた。

土器で煮炊きされる
サケの切り身
ごった煮のような鍋

大正3遺跡出土爪形文土器

（帯広百年記念館所蔵／佐藤雅彦撮影）

大正3遺跡出土爪形文土器

（複製：国立歴史民俗博物館所蔵）

左の土器片から器形を復元したもの。

Outline

　国立歴史民俗博物館総合展
示第1室のリニューアル展示
（2019年）の際に描いたもの。
北海道帯広市大正3遺跡から
出土した縄文時代草創期の爪
形文土器は、北海道で最古段
階の土器である。乳頭状突起
を持つ底部など本州の隆起線
文土器と形態的に類似する点
からみて、本州の土器の影響
を受けている。この土器での
煮炊きの様子をイメージした。

4 縄文時代草創期の南九州の堅果類と石皿・磨石の利用

(『縄文はいつから!?ー1万5千年前になにがおこったのかー』2009)

鹿児島県奥ノ仁田遺跡出土の
石皿・磨石
（上2点とも西之表市教育委員会所蔵／横浜市歴史博物館提供）

奥ノ仁田遺跡出土土器

鹿児島県東黒土田遺跡出土のコナラ
属炭化子葉（鹿児島県歴史・美術センター黎明
館所蔵／工藤雄一郎撮影）

Outline

「縄文はいつから!?」展（2009年）の際に描いたもの。植物質食料、とくに堅果類などの粉砕・加工具とされる石皿や磨石は、後期旧石器時代の出土例は極めて少ないが、縄文時代早期以降の日本列島では多くの遺跡から見つかるようになり、とくに縄文時代中期以降に多くなる。

縄文時代草創期においては、一般的に石皿・磨石が出土する遺跡はほとんどないが、例外的に南九州の隆帯文土器の時期（約1万4,000～1万3,000年前）には、数多くの石皿・磨石類が出土している。例えば、種子島の鹿児島県西之表市奥ノ仁田遺跡から出土した石皿は、長さ52cmもある大きなもので、南九州では植物質食料の加工が積極的に行われていたようである。実際、縄文時代草創期の鹿児島県志布志町東黒土田遺跡と宮崎県都城市王子山遺跡で炭化した堅果類の出土例があり、いずれも落葉性のドングリでコナラやクヌギと推定されている。

❶石皿・磨石を使う

　左のイラストは奥ノ仁田遺跡から出土した石皿・磨石をモデルとして描いた。隆帯文土器文化の縄文時代草創期の石皿は、縄文時代中期以降の整形された石皿とは異なり、板状の円礫を使用しているものが多い。復元イラストでは、石皿の上でドングリの果皮を割って中身の子葉を取り出しているシーンを描いており、秋の集落での一風景をイメージした。

宮崎県王子山遺跡出土の石皿と磨石
（都城市教育委員会所蔵／工藤雄一郎撮影）

王子山遺跡の集落模型 （国立歴史民俗博物館）
縄文時代草創期の隆帯文土器の時期の集落をイメージしたもの。模型のシーンの一つは左のイラストが素材となっている。

❷気候と服装

　この時期は、寒冷化が進行しつつある時期である（矢印部分）。日本列島のなかでは温暖な南九州とはいえ、それなりの装備が必要であると考え、やや薄めの毛皮を身につけた。

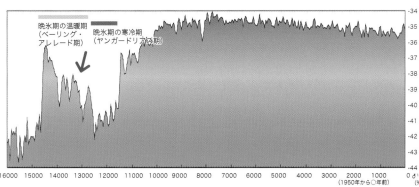

グリーンランド氷床コアによる過去1万6,000年間の気候変動
南九州の隆帯文土器の時期は、約1万4,000〜1万3,000年前頃年前前後。晩氷期の温暖期の後半にあたり、寒冷期の少し前くらいの時期である。

115

5 縄文時代草創期の土壙墓への埋葬

Outline

　「縄文はいつから!?」展（2009年）の際に描いたものだが、図録には掲載されていない。栃木県下野市薬師寺稲荷台遺跡の土坑からは、縄文時代草創期の爪形文土器と数点の石器が出土した。直径1.5mほどの円形の土坑で、確認面から40cmほどの深さがあった。全体が3分の2程度残る爪形文土器のほか、石鏃などの石器が数点出土した。薬師寺稲荷台遺跡では、同じく円形の土坑が4基見つかっているが、これらの土坑には遺物は伴っていない。

　これと類似した例が、群馬県太田市下宿遺跡E地点で見つかっている。下宿遺跡E地点では縄文時代草創期の7基の土坑と遺物集中部が検出されているが、全体の半分〜4分の1程度が遺存している爪形文土器が出土した土坑や、爪形文土器と石槍・石鏃が伴う土坑などが見つかっている。

（『縄文はいつから!?ー1万5千年前になにがおこったのかー』2009）

●墓と埋葬

　薬師寺稲荷台遺跡や下宿遺跡の土坑は、当時の土壙墓であった可能性が考えられる。そこで、復元イラストには土壙墓に死者を埋葬する状況を描いた。抱えた爪形文土器を死者と一緒に納めるシーンである。ただ、薬師寺稲荷台遺跡でも下宿遺跡でも、完形の土器が出土した例はなく、底部のみや口縁部のみといった例が多い。埋葬時に土器を割ったのか、あるいはすでに割れた土器を副葬したのかはよくわからない。また、死者の性別も不明である。いくつかの土坑には土器とともに石槍や石鏃が出土している土坑があることから、男性が埋葬されたものもあったのだろう。なお、イラストは男性にも女性にも見えるような雰囲気で描いてもらった。

栃木県薬師寺稲荷台遺跡出土の爪形文土器（下野市教育委員会提供）

群馬県下宿遺跡出土の爪形文土器（E 地点 100 号土坑）（太田市教育委員会提供）

下宿遺跡出土の爪形文土器（E 地点 102 号土坑）（太田市教育委員会提供）

6 縄文時代草創期の狩猟具の変化と弓矢の登場

❶突き槍

　大型の尖頭器は突き槍や投げ槍の槍先と考えられており、0〜3mの距離から大型・中型動物を狙ったのだろうか。近年、長野県神子柴遺跡の大型で優美な尖頭器の使用痕分析からは、尖頭器が槍先としてではなく、「手持ちのナイフ」として使用された可能性が指摘された。大型の尖頭器がすべて石槍として使用されたわけではないのだろう。

尖頭器
（新潟県小瀬ヶ沢洞窟出土、長岡市教育委員会所蔵）

❷投げ槍（投槍器を使用）

　投槍器を用いた投げ槍は飛距離が数十mに及び、手投げの槍とは威力の面でも格段の違いがある。約8〜30m先の中型動物を狙うこともできる。ヨーロッパでは、骨角製の投槍器が縄文時代草創期と同時期の遺跡（後期旧石器時代のマグダレアンなど）から出土している。かつては、石槍（尖頭器）→有舌尖頭器→石鏃といった変遷と、槍→投げ槍→弓矢といった変遷を対応させて考えていた時期もあったが、投槍器そのものは後期旧石器時代から使用されている可能性が高いと考えている。

有舌尖頭器
（新潟県小瀬ヶ沢洞窟出土、長岡市教育委員会所蔵）

Outline

「縄文はいつから!?」展（2009年）の際に描いたもの。縄文時代草創期には、狩猟具の石器がめまぐるしく変化した。狩猟具と考えられる石器には、細石刃、尖頭器、有舌尖頭器、石鏃などがある。縄文時代草創期の日本列島の遺跡では骨角や木で作った道具は残っていないため、石器がどのように柄に装着されて狩猟具として使用されていたのかははっきりしない。

一般的にはナイフ形石器や大型の尖頭器は突き槍や投げ槍の槍先、有舌尖頭器は投槍器を用いた投げ槍の槍先、石鏃は弓矢の矢尻と考えられてきた。

細石刃は少し特殊で、木や角・骨でできた槍に埋め込まれた組み合わせ式の道具であるが、投槍器とともに投げ槍として使用された可能性もある。

❸ 弓 矢

弓矢は、約5〜50m先の中型動物や小動物などを狙うことができる。石鏃は隆起線文土器の後半段階から多く見られるようになるが、一般化するのはそれより後の無文土器や爪形文土器、多縄文系土器の時期であり、1万4,000年前以降の時期である。この時期の有舌尖頭器にも石鏃とほぼ同様のサイズの小型品が出土しており、また、約1万6,000年前頃の青森県大平山元Ⅰ遺跡には形態的に石鏃と類似する石器が数点出土している。これらと弓矢の関わりはまだわかっておらず、弓矢の出現時期については謎が多く残されている。

Chapter3

縄文人のくらし

石 鏃 （新潟県小瀬ヶ沢洞窟出土、長岡市教育委員会所蔵）

石 鏃
（青森県大平山元Ⅰ遺跡出土、外ヶ浜町教育委員会所蔵
／國學院大學考古学研究室提供／小川忠博撮影）

（『縄文はいつから!? ─1万5千年前になにがおこったのか─』2009）

7 草創期の縄文人

Outline

「縄文はいつから !?」展（2009年）の際に描いたもの。縄文時代草創期の人の姿を描くため、縄文時代草創期に最も近いと推定されていた埼玉県皆野町妙音寺洞穴で1995年に出土した人骨を参考とした。

❶ 人骨の情報から描く

馬場悠男の分析によると、妙音寺人骨は、壮年男性のもので、身長153㎝、体重は40〜45kgくらい。当時としてはやや小柄である。上半身の骨は細く腕力はやや弱かったが、大腿骨後面の大腿四頭筋付着部が鋭く隆起しており、脛の骨が長いので、足腰は丈夫で走るのは早かったと推定されている。

顔は極めて小さく幅が狭いので、まるで小顔の現代人のように見える。しかし顔の造りは頑丈で、眉間と鼻骨が隆起し、彫りが深く、口元が引き締まっている点で現代人と異なる。

彼は、私たち日本人、つまりアイヌ・本土日本人・琉球人を含めたすべての日本列島に住む人々の祖先である縄文人の典型的な姿を示している。体格や顔の形は骨から推測できるが、眉・眼・小鼻・唇・髭などは、骨からはわからない。そこで、縄文人のDNAを色濃く受け継いでいるアイヌの人々の風貌を参考にした。

（『縄文はいつから⁉ ―1万5千年前になにがおこったのか―』2009）

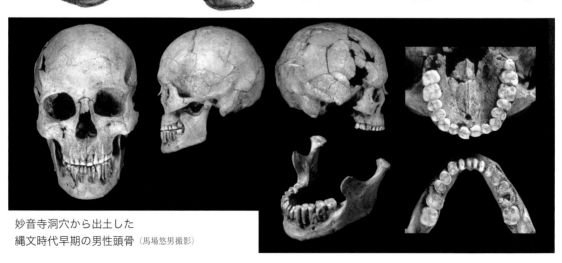

妙音寺洞穴から出土した
縄文時代早期の男性頭骨（馬場悠男撮影）

❷衣服の復元

　縄文時代草創期の約1万5,000年前頃は、それ以前の氷期と比べて急激に温暖化したとはいえ、現在と比較すればまだ寒冷な時期である。とくに北海道や東北には、氷期的な森も多く残っていたと考えた。

　そこで衣服はニホンジカの毛皮を中心とし、肌の露出はなるべく少なくした。皮の靴は、イタリアのアルプスで発見された約5,000年前の「アイスマン」のものを参考とした。

尖頭器を装着した石槍を背負っている。

弓は弦を外して背負っている。

矢は筒に入れて背負っている。

なるべく暖かい服装。ニホンジカの毛皮の色をイメージした。

タカ羽の矢羽根

やや小型の隆起線文土器

局部磨製石斧を柄に装着して持たせた。

隆起線文土器は棒状礫で支えている。

足には皮の靴を履かせた

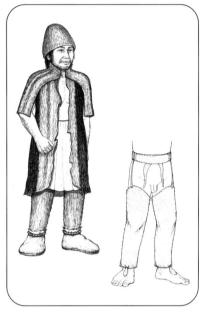

ホモ・サピエンス
（アイスマン）（制作年不明）
図録等には掲載されていないイラスト。アルプス氷河で発見された5,300年前の冷凍ミイラが着ていた服装を復元した。太腿から下のストッキングを腰からつるしており（右）、パンツは履いていなかったが合理的である。

❸縄文人と道具

　この縄文人は多くの道具を持っている。もちろん実際にこのような姿で立っていたのではなく、復元イラストとして当時の一般的な道具を「なるべく多く」持たせた。道具は、縄文時代草創期のなかでも遺跡数が多く、特徴的な遺物が多く出土している隆起線文土器の時期のものとした。

　隆起線文土器を手に持っていることに違和感を感じるかもしれないが、居住地を変えて遊動する生活のなかでは、土器を持って次の居住地へ移動することもあっただろう。足元の大型の土器は、南関東の遺跡で出土する棒状礫で支えている。

　背中には弓と矢筒に入れた矢、石槍を持っている。弓は弦を外して巻きつけた状態である。矢に矢羽根が付いていたかどうかは不明だが、タカ科の羽根を割いて貼り付けている。復元が難しい投槍器を用いた投げ槍は装備していない。左手に持つ斧柄には、局部磨製石斧を装着した。紐による緊縛は、ニューギニアの民俗例を参考にした。

復元イラストのモデルとした
長野県須坂市石小屋洞窟出土の
隆起線文土器（國學院大學博物館所蔵）

8 縄文時代のくらしとその様子

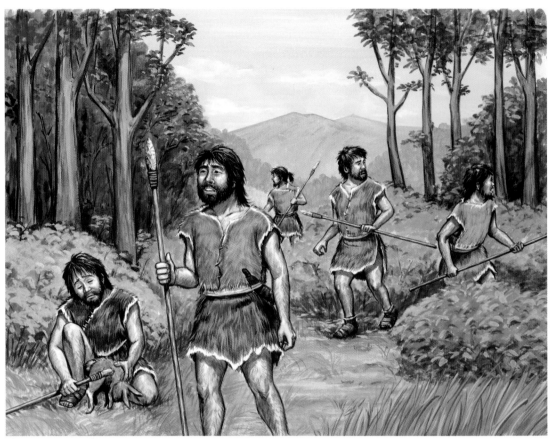

消えたナウマンゾウ（『NHK 日本人はるかな旅 ① マンモスハンター、シベリアからの旅立ち』2003）
後期旧石器時代の終末、約 1 万 5,000 年前の武蔵野台地では、ナウマンゾウやオオツノシカがいなくなってしまい、食糧
危機に貧したという設定で描かれたイラストである。ウサギを仕留めたハンターの残念そうな顔が印象的だ。なお、最近
の研究では、ナウマンゾウなどの大型動物の絶滅はこれよりももっと古い時期の出来事であったと推定されている。

縄文時代の生活風景はたびたび描かれてきたが、『NHK日本人はるかな旅①③』（2003年）などで描かれたこれらの縄文時代草創期のイメージは、更新世の大型動物の絶滅と後氷期適応としての土器の発明を意識して描かれており、現在の一般的認識とやや異なる印象が

ある。大平山元Ⅰ遺跡などのイラスト（☞104・105頁）と比較すると、最近20年の研究の進展によるイメージの変化を読み取ることができる点は重要だ。それ以外のイラストは、環境への適応がテーマになっているものが多い。海と森に適応した縄文人の姿に注目しよう。

木を切る縄文人（『NHK日本人はるかな旅③　海が育てた森の王国』2003）
『NHK日本人はるかな旅③』の表紙に使われたイラスト。木を伐採し、集落を作る縄文人をイメージしている。手には大型の片刃の石斧が横斧として描かれ、振り下ろされている。

生き残りをかけた土器の発明
（『NHK日本人はるかな旅①　マンモスハンター、シベリアからの旅立ち』2003）
ナウマンゾウなどの大型動物が絶滅してしまったため、動物に変わる食料としてドングリに目をつけた人たちが、アク抜きをするために土器を発明した、というかつての「後氷期適応論」の設定で描かれたイラスト。縄文時代草創期の隆起線文土器がイメージされているが、手前の土器は少し早期の尖底土器のように描かれている。

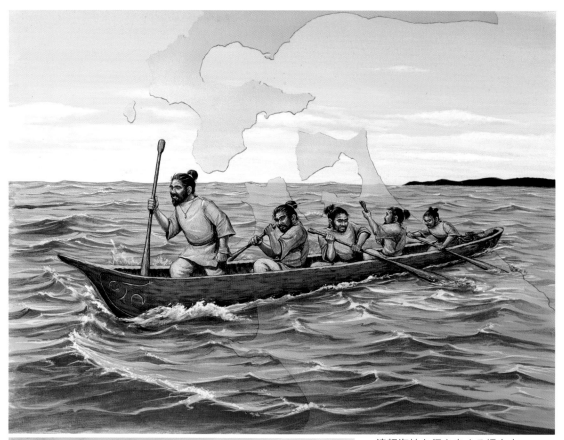

津軽海峡を行き来する縄文人
（「北海道新聞」2002）
津軽海峡の最短距離である青森県の大
間漁港から北海道の戸井漁港まで（約
17.5km）を、丸木舟で渡る「津軽海峡
ロマンロード実証実験」（2002年）の
際に描かれたイラスト。丸木舟を漕ぎ、
海峡を行き来する縄文人をイメージし
て描かれている。

銛を使ったカジキ漁
（国立歴史民俗博物館総合展示第1室のリニューア
ル展示、2019）
長い柄の先には回転式離頭銛がついてい
る。海で大型魚をとる縄文人の様子がイ
メージされている。

森に挑む知恵・福井県鳥浜貝塚の縄文人

約7,000年前の鳥浜貝塚の縄文人が、新しい石斧の柄を工夫して作ったというイメージで描かれたイラスト。右側で木を
切り倒している男性の斧柄が、鳥浜貝塚から出土したソケットタイプの膝柄となっている（少し異なるものもある）。

定住生活のはじまり・多摩丘陵の集落

縄文時代中期ごろの多摩丘陵の環状集落をイメージして描かれたイラスト。イノシシを抱えて戻った男性たちを笑顔で迎
える子どもたちが微笑ましい。

（表示以外はすべて『NHK 日本人はるかな旅 ③　海が育てた森の王国』2003）

9 縄文時代の大規模集落—青森県三内丸山遺跡—

三内丸山の様子1（『ポプラディア情報館　衣食住の歴史』2006）
縄文時代前期から中期の三内丸山遺跡に焦点をあてたイラストの一つ。大型住居とその周囲には掘立柱建物群が並んでいる。手前には捨て場である谷が描かれている。

三内丸山の様子2（『NHK 日本人はるかな旅 ③　海が育てた森の王国』2003）
縄文時代前期から中期の三内丸山遺跡に焦点をあてたイラストの一つ。交易センターとして、日本海各地から物資を積んできた丸木舟が集まる様子がイメージされている。

Outline

　青森県青森市三内丸山遺跡のイラストは、「縄文文化の扉を開く」展（2001年）、『NHK日本人はるかな旅』（2003年）などでたびたび描かれている。6本柱の建物については、やぐら状の復元や屋根がある復元など、監修者によって少しずつ違いがある。また、三内丸山遺跡は縄文時代前期から中期にかけて長期間利用された遺跡であり、同時には存在していないものが同じイラスト内に描かれている場合もあるので注意が必要である。

三内丸山の大型住居　（『日本人はるかな旅展』2001）
縄文時代前期から中期の三内丸山遺跡に焦点をあてたイラストの一つ。大型住居と6本柱建物、その周囲で土器づくり、かごづくりなどの作業する人々が描かれている（ただし、大型住居は縄文時代前期、6本柱の建物は縄文時代中期末のもので、同時には存在していない）。

三内丸山遺跡の広場とマツリの想像図
6本柱建物で祭儀を行い、また広場で土偶を使った儀礼などが行われる様子を想像したイラスト。このイラストでは6本柱に屋根がかけられている。イラスト左奥の台地が山のように高くなってしまっているが、実際にはもっと平坦である。

三内丸山遺跡の大型住居内での生活の想像図
住居内には複数の炉があり、煮炊きや談笑している人々の姿が描かれている。魚は頭が落としてあり、さばいた後で運んできたものを想定している。カゴには堅果類が保存されている。梁の上にもカゴがあり、物置となっている様子が描かれている。一番奥の仕切りの向こう側には土偶がみえ、祭祀的な空間をイメージしたようだ。

三内丸山遺跡の大道とその周辺の想定復元図（左）
ムラの中央部から東に伸びる幅12〜15mの道は大きくくぼんでおり、台地の東端まで続いている。道の両側には墓列が切れ目なく設けられていて、環状配石をもつ墓もところどころにあった様子が描かれている。左上が山のようになってしまっていて地形的に違和感があるのは、上のイラストと同様である。

三内丸山遺跡の大道とその周辺の想定復元図
（『ポプラディア情報館　衣食住の歴史』2006）
右の内容とほぼ同様のイラストである。大道の段差が緩やかで人や住居の数も少なく描かれている。

（表示以外はすべて『縄文文化の扉を開く―三内丸山遺跡から縄文列島へ―』2001）

繁栄を支えたまつり

（『NHK 日本人はるかな旅 ③ 海が育てた森の王国』2003）

三内丸山遺跡の中心部にある盛土の上で行われたまつりの様子をイメージしたイラスト。ヒスイの首飾りをかけたリーダーが、大型の板状土偶をかかげている。まつりで土偶を壊して祈りを捧げたというシチュエーションになっている。衣服が真っ白に表現されているが、どのような種類の植物繊維をイメージしたのか不明である。

北方の紅山文化の
玉器の猪龍

ストーンヘンジ
ヨーロッパ最大の巨石記念物
（イギリス）。

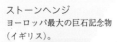

中国の玉器文化
（南方の良渚文化の玉製の琮）

アッカド帝国のサルゴン王像
アジア南西部のメソポタミアを統一
し、帝国をつくった。

ピラミッド
エジプトのギザに世界三大ピラミッ
ドが造営された。

モヘンジョ・ダロ遺跡の神官王像
インダス川流域に都市が展開し、メソポ
タミアとの交流もあった。

縄文文化の土偶
（日本・三内丸山遺跡、
縄文中期）

新たな生活の場を求めて
(『NHK 日本人はるかな旅 ③　海が育てた森の王国』2003)

左のイラストは、縄文時代中期の終わり頃の三内丸山遺跡
では気候の寒冷化によってクリが実らなくなり、クリ林が
急速に衰えいってしまったというイメージで描かれた。右
のイラストは、人々は食料を求めて三内丸山を離れ、分散
していった、というシチュエーションである。枯れたクリ
の木の前で呆然とする縄文人が印象的だ。

メソアメリカのトウモロコシ
まだ粒が少なくて小さい。
右は現在のトウモロコシ。

オルメカ文明期の巨石人頭像
(メキシコ・サン・ロレンソ遺跡)

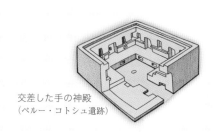

交差した手の神殿
(ペルー・コトシュ遺跡)

6,000〜4,000 年前の世界
(『縄文文化の扉を開く―三内丸山遺跡から縄文列島へ―』2001)
三内丸山遺跡と同時期の世界各地の遺跡をイラストで
紹介したもの。

10 水辺のくらしと豊かな森の生態系
—東京都下宅部遺跡—
しもやけ べ

（『ここまでわかった！縄文人の植物利用』2014）

食料の調理・加工場

漆の樹液を採取

クリ拾い

トチノキの種皮を捨てる

狩猟した動物の解体

上流

木組みのある水場

弓とイノシシの頭をそえる儀礼

下流

ウルシの木も使われた杭列

木製品の加工

水場遺構

杭列

杭の出土状況
やや黄色の木材がウルシ。

第7号水場遺構
丸木を杭で止めている。大きな木材のほとんどはクリ。

植物の調理・加工

第1号トチ塚（上）
かごに入ったドングリ（下）
トチ塚やドングリなどさまざまな食材が見つかっている。

❶水辺のくらし

　上流側からみていくと、河道にはまず杭列がある。500本以上の杭の中から、ウルシの杭も74本見つかっている。

　その下流側には第7号水場遺構の木組みがある。縄文時代後期前葉の堀之内式期の遺構であり、加曽利B式期には木組みも一部は崩れ、かなりの部分が埋まっていたと考えた。

　第7号水場遺構周辺ではトチ塚が発見されており、トチノキの種皮を廃棄する人を描いた。持っているカゴのモデルは第8号編組製品（☞150頁）である。すぐ背後の低地平坦部では、食料の調理・加工を行う人々の様子を描いた。埋設土器や焼土跡群が見つかっており、火を使った水辺の作業場と考えたためである。

狩猟儀礼

復元イラストの中央部では、狩猟儀礼が行われている様子を描いた。

その下流側では、シカの解体が行われている様子を描いた。下宅部遺跡ではシカとイノシシの骨が大量かつ集中して出土しており、生の獣骨は劣化が著しいが、骨に明瞭な切断痕が残る個体もあり、狩猟してきた動物の解体作業がこの川原で行われていたことを示している。

イヌガヤの丸木弓に乗った状態で
見つかったイノシシの頭の骨
丸木弓はわざと折ってあった。

漆塗りの弓
漆を塗っていない弓も含めて、
計40本ほどが見つかっている。

動物の解体

シカ（上）とイノシシ（下）の骨
解体の痕跡が残っている。

❸木製品の加工場

最下流部には、木製品の加工が行われている様子を描いた。第3号水場遺構とその周辺からは皿状木器や木製容器未成品、漆器、杓子柄など、多数の木製品や木製品の未成品、木器の素材となる分割材などが出土した。こうした状況から、最下流部の周辺が木製品の加工場であったと推定した。

第3水場遺構の丸木舟未成品の出土状況
上は丸木舟の舳先。大型の磨製石斧で削り出した跡が残っている。
（写真すべて東村山ふるさと歴史館提供）

Chapter3　縄文人のくらし

Outline

国立歴史民俗博物館の共同研究の成果の一部として、2014年に描いたもの。東京都東村山市下宅部遺跡は縄文時代中期から晩期の約5,300年前から約2,700年前の遺跡であり、低湿地遺跡であるため、当時の水辺での生活の様子がわかる遺物・遺構が極めてよく残っている。

食料として利用された様々な植物だけでなく、石器で傷を付けた痕が残るウルシの杭や、飾り弓や漆塗り土器、漆塗りのヘアピンなどの様々な漆製品が発見されている。

復元イラストは、下宅部遺跡で低地での人の活動が最も活発であった縄文時代後期中葉の加曽利B1式から加曽利B2式土器の時期（約3,800～3,700年前）を対象時期とした。ウルシの樹液が採取可能な時期が初夏から秋までであること、クリなどの果実が採取可能な時期が秋であること、アサも枯れずに残っている時期が秋までであることなどを考慮して、設定は初秋とした。

（図中のラベル）
モミ
コナラ・クヌギ・
カシ・ケヤキ・カヤなど
クリ
ウルシ
クリ
ウルシ
ウルシ
クリ イヌガヤ
アサ
クヌギ
エノキ
イタヤカエデ
トチノキ
トチノキ
ヌルデ
オニグルミ
クリ
ヌルデ
ケヤキ
トチノキ
ガマズミ

❹クリ

　下宅部遺跡では、遺構の構成材としてクリが集中的に利用されている。縄文時代後期中葉では17.5％で最も多く、11.3％で杭列のウルシが次ぐ。一方、花粉分析では縄文時代後期になるとトチノキの花粉が目立ち、クリの花粉は減少する。これは、クリが虫媒花で花粉を遠くまで飛ばさないこと、河道周辺にはトチノキが増えたことが関係していると考えられる。そこで、クリは河道の脇には少なく、丘陵縁辺部に多かったと考えた。

❺ウルシ

　丘陵縁辺部のクリの周辺には、開けた場所を好むウルシが一緒に生えている。石斧による伐採と、その後の萌芽更新をイメージして、クリやウルシは株立ちしている。なお、花粉分析ではウルシは検出されていない。遺跡のすぐ近くにあったことは間違いないが、クリと同様にウルシも花粉を遠くまで飛ばさないため、河道に花粉が運ばれるほどの距離にはなかったのかもしれない。あるいは、ウルシがあったとしても雌株だった場合には花粉分析結果にはあらわれてこない。

クリ　　ウルシ　　トチノキ　　アサ

❻トチノキとアサ

　トチノキは、下宅部遺跡の縄文時代後期中葉の時期に自然木としても多く出土しており、容器の素材としても利用されている。また、河道内から種子も多く出土した。花粉分析の結果でも、縄文時代後期中葉段階にトチノキが周辺に生育していたことが示されており、河道のすぐ近くには普通にトチノキがあったと推定できる。そこで、河道周辺にはトチノキを数点描いた。

　また、下宅部遺跡の河道からはアサの炭化果実塊が見つかっているため、アサを引き抜いている様子を描いた。遺跡の範囲内にアサがあったのかどうか、あるいはあったとしても、復元イラストに描いたようにある程度のまとまりをもって生育していたのかどうかは未解明である。

杭列

　クリの杭 101点
●　ウルシの杭 68点
●　他の樹種の杭 323点

0　　　　　　　　25m
流路方向

クリ
ウルシ

杭列の分布と
樹種同定結果
（能城 2014）
杭列の土木材ではクリとウルシが多い。

❼ 遺跡周辺の植物

　遺跡周辺にあったと推測される樹木では、河道のすぐ脇にヌルデやムラサキシキブ、少し奥にはクヌギなども入れた。オニグルミにはヤマブドウが巻き付いている。3本の樹木の奥には、黄色に色づいたイタヤカエデがある。クリの手前右側にはケヤキがわずかにかかっている。奥にはイヌガヤなどもある。河道の氾濫原のあたりにどのような植物があったのかは難しいところだが、ヨシなどの植物や、少し離れたところにはガマズミなどもあったかもしれない。

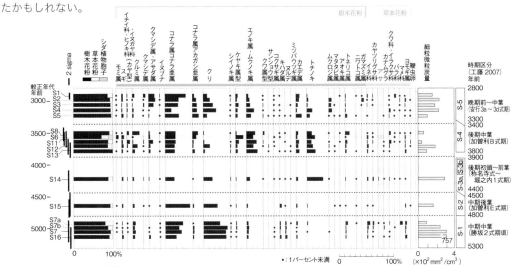

下宅部遺跡の花粉分析結果 (吉川 2014)
クリは土木用材では多いが、花粉分析では後期中葉の時期にあまり多くない。また、ウルシは花粉分析では検出されていない。

❽ 背後の丘陵の植物

　狭山丘陵には、木材や種実で確認されているアカガシ亜属や、コナラ、ケヤキ、カエデ属、カヤ、トネリコ属、イヌシデ、アサダなどの樹木もあっただろう。狭山丘陵を挟んで反対側に位置する所沢市お伊勢山遺跡では、自然林の構成要素としてモミなどの針葉樹もある。モミは丘陵の一番遠いところに描いた。こうした落葉広葉樹と常緑広葉樹、針葉樹が混じる植生が背後にあり、そこから人々は様々な植物資源を利用していたと推定される。

下宅部遺跡とお伊勢山遺跡出土樹種の違い (能城2014)
お伊勢山遺跡は狭山丘陵の反対側にあるが、ここではクリやウルシなどの植物や、二次林的植物も少ない。下宅部遺跡の周辺が人為的な生態系になっていたことがよくわかる。

Outline

　下宅部遺跡の景観復元イラストに描かれた周辺の植生は、花粉分析や出土した木材・種実などと、埼玉県所沢市お伊勢山遺跡の分析に基づいている。

　遺構や遺物と異なり、植物が「どこに、どのように生えていたのか」を実証的に示すことは極めて難しい。全体的に「このような雰囲気だったのでは？」という、イメージである。

（『ここまでわかった！縄文人の植物利用』2014）

すでに傷が
付けられた
ウルシ

石器

12〜19cmくら
いの間隔で傷が
付いている

ウルシの木に
傷を付ける

漆液を採取後
に伐採した
ウルシ

傷から白い樹
液が染み出し
ている

Outline

東京都下宅部遺跡でみ
つかった傷跡のあるウル
シの杭は、この遺跡のす
ぐ近くにウルシ林があり、
人々が樹液を採取してい
た状況を示す重要な遺物
である。復元イラストの
時期は、ウルシの木材の
杭列が残されている縄文
時代後期前葉から中葉と
した。ウルシの木材の杭
の年輪のほとんどが 10
年生以下で、最大で 27
年生であった。直径もほ
とんどが 10cm以下であ
ることから、比較的若い
木が多いウルシ林を想定
した。

❶出土した傷跡が残るウルシ

出土したウルシの杭にはおおよそ 12〜19cm の間隔で傷が付けら
れており、傷は幹を一周する。

イラストではウルシの木の下から上へと傷を付けている。右横の
木は直前にすでに傷が付けられ、樹液が回収された後の様子である。
掻き取った後の傷跡の周りには、回収しきれなかった漆液が焦げ茶
色になって付着している。当時の人々が、一回にどれだけの本数の
ウルシに傷をつけ、樹液を回収していたのかは明らかではない。

その右下には、樹液を採取した後に、ウルシの木を石斧で伐採し
た様子を描いた。復元イラストではすでに 3 年前に樹液を採取し、
その後伐採したと想定して描いており、3 年生の萌芽枝が切り株の
脇から伸びている。

杭の出土状況
うっすらと黒い線が見える。

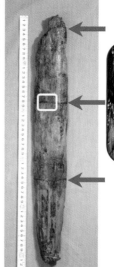

傷跡（矢印部分）は、鋭利な刃物で
付けられた傷。10〜15cmの間隔で
付けられているものが多い。

東京都下宅部遺跡から出土した傷跡がのこるウルシの木材（東村山ふるさと歴史館提供）

❷縄文時代の漆掻き

イラストで右手に持っているのは石器である。実験の結果、石匙などのように二次加工が施された石器よりも、鋭利な縁辺をもつ剝片のほうが、深く、鋭い傷を付けられることがわかった。おそらく、適当な不定形剝片などを使用していたのだろう。

鋭利な剝片で深く傷をつけると、すぐに白い樹液が染み出してくることが実験からわかった。時間が経つと樹液はすぐに固まり始め、茶色く変色していく。樹液は一定の数の傷をつけたあと、何らかのヘラ状の道具で回収されたのかもしれない。

回収された漆液は土器底部を転用した漆液容器にすぐに回収していたのか、樹皮などで作られた別の容器にいったん回収し、その後土器底部を転用した漆液容器に移したのかは不明である。

石器によってウルシに傷を付ける実験の様子

傷を付けた後のウルシ
黒曜石の石器によって傷を付ける実験を行った後のウルシの幹には、下宅部遺跡出土資料と類似した線状の傷が生じた。

幹（直径5cm）

枝（直径2.8cm）

幹の13ヵ所の傷から採取した樹液（約1.6g）　枝の傷から採取した樹液（約0.7g）
傷を付けた直後のウルシと採取した樹液

（右頁写真すべて工藤雄一郎撮影・提供）

12 修正版・石器でウルシに傷を付ける縄文人

❶間伐説からの指摘と復元イラストの修正

　ウルシは伐採株からの萌芽更新が旺盛であり、当時もこのような方法で、ウルシ林が更新されていったと推測されるが、その後の千葉敏朗氏の見解では、遺跡で出土したウルシ材は間伐材の可能性が考えられ、「2本とも傷を付けてしまうこの復元イラストの状況は誤りではないか」、とも指摘されている（東村山市教育委員会・東村山ふるさと歴史館編2013）。

　千葉敏朗氏の間伐説がより当時の実態に近いとするならば、2本株立ちで生えているウルシの両方に傷を付けてしまうシチュエーションは誤りである。1本だけに傷を付け、傷を付けた幹のみを伐採するという考えだ。そこで、石井礼子さんの許可を得て、画像をデジタル上で加工し、右側のウルシから傷跡をすべて消したのがこのイラストである（右赤丸部分）。

　「2本同時に傷を付ける」か「1本だけ傷を付ける」か、どちらが当時の実態に近いのかを判断することは難しい。今後、様々な遺跡出土資料から多角的に検討していくことが必要である。

❷ウルシの間伐

　千葉敏朗の間伐説による実験も行った。2本株立ちしているうちの左側の1本には傷を付けて樹液を採取する。その後、この左側のウルシは伐採して、右側のウルシをさらに成長させてから、改めて傷を付けて樹液を採取することになる。

切り株から2本萌芽によって成長したウルシ
このうち、左側の木を実験用に石器で傷を付けた。

傷を付けたウルシの幹を石斧で伐採

伐採後の切り株
年輪を確認したところ6
年生であった。

石斧による伐採後の幹

伐採後、分断したウルシ材
下宅部遺跡で杭に使用されたのは、このような間伐材だった
のかもしれない。

（『ここまでわかった！縄文人の植物利用』2014、写真すべて工藤雄一郎撮影・提供）

13 ツルマメを採取する縄文人

(『ここまでわかった！縄文人の植物利用』2014)

❶ 縄文時代のツルマメを描く

　復元イラストの季節は初秋である。低木の枯れ枝に絡み付いている植物がツルマメである。ツルマメは現在でも河川敷の開けた場所や、林縁の明るい場所、荒れ地や草原などに多い。イラストも、そのような明るい開けた場所を想定している。場合によっては、集落のすぐ脇の荒れ地などだったかもしれない。下部に描いたのはクズである。クズも同じように開けた明るい環境には多いため、同じような場所に生えていることもあっただろう。ススキや草地にも多いアズマネザサも近くにあっただろう。

　ツルマメは完全に熟して莢が茶色になってしまうと、莢が弾けてツルマメの種子が飛び散ってしまうため、熟しきらないうちに採取していると考えた。そのため、採取しているツルマメは緑色の莢が残り、葉もまだツルから落ちていない状態とした。またすでに茶色になってしまっているものもあり、その一部は莢が弾けてしまったものも描いた。

1mm

東京都下宅部遺跡第1号クルミ塚出土ダイズ属炭化種子
扁平な形態とヘソの特徴がはっきり観察でき、ダイズ属（ダイズやツルマメ）であることが一目瞭然である。

採取したツルマメを入れるカゴ

ツルマメ 緑色の莢が残っている

クズ

ツルマメ 熟して莢が茶色になっている

ツルマメの採取の様子（栃木県鹿沼市）
（工藤雄一郎撮影）

❷ツルマメの採取

　これまで野生のツルマメを採取した経験から、マメの莢を一つ一つ引きちぎっていくのは採集の効率が悪い。そこで、ツルごと引き抜いている様子を描いた。引き抜いたツルはカゴに放り込んでいる。なお、カゴは下宅部遺跡の第8号編組製品をモデルとした（第8号編組製品の形は、2015年のかご復元実験以前のものであり、現在の認識とは異なっている）。

ツルごと引っこ抜いたツルマメ（千葉県佐倉市）
（工藤雄一郎撮影）

宮崎県王子山遺跡ツルマメ圧痕土器（縄文時代草創期）
とその圧痕の電子顕微鏡写真（小畑弘己提供）

王子山遺跡の集落模型（ツルマメの採取の様子）
（国立歴史民俗博物館）
ダイズのように大きなマメに見えるが、模型をみた人が「マメ」であることを認識できるように、ツルマメの縮尺をやや大きくしている。

Outline

　縄文時代に利用されたダイズの野生種であるツルマメの採取の様子を描いた。約1万3,400年前の宮崎県都城市王子山遺跡の土器圧痕の事例から、ツルマメの採取は縄文時代草創期からすでに行なわれている可能性が高く、ツルマメの利用は縄文時代全体を通じて普遍的に利用されていたと考えられる。この復元イラストでは、縄文時代のなかでもどの時期に当たるのかの設定はしていない。

14 ダイズを利用した縄文人

（『ここまでわかった！縄文人の植物利用』2014）

❶ 縄文時代のダイズ

　縄文時代中期以降、野生種のサイズを大きく越えた「縄文ダイズ」が存在し、縄文人がこれらを栽培していた可能性が指摘されるようになった。「ダイズの栽培」というと、現代社会に生きる我々は、畑や田んぼの畔に綺麗に並んだ直立したダイズを思い浮かべるのはないだろうか。しかし、そのようなダイズ畑が縄文時代にあったとは考えにくい。縄文時代に実際にダイズが栽培され、種子の大型化から判断できるようにダイズの栽培化がある程度進んでいたとしても、あくまで栽培初期のダイズである。

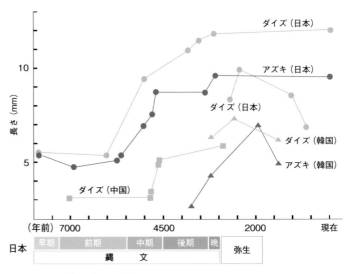

縄文時代のダイズ・アズキの大きさの変化 （小畑 2014）
中期に大型化が見られる。

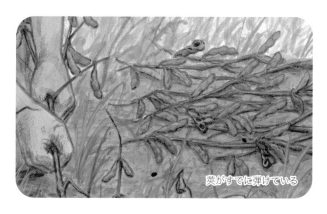
莢がすでに弾けている

田んぼの畔に整然と植えられたダイズ
（千葉県佐倉市）（工藤雄一郎撮影）
縄文時代にこういったダイズ畑は存在しないだろう。

❷ 縄文時代のダイズ栽培を描く

　復元イラストに描いたダイズは、栽培初期のダイズの栽培を
イメージしたもので、畑のように整備されておらず、やや粗放
的な栽培の様子である。ダイズの周囲には雑草が多くみられる。
　ダイズの幹の一部はつる性が残っており、莢も収穫前に一部が
すでに弾けてしまっている状況にした。栽培初期のマメは脱粒性
が高い種類が多いためである。ダイズの幹ごと引き抜いて収穫し
ているが、引っこ抜いたそばから種が弾けてしまったものもある。

ロシアのダイズ畑（小畑弘己提供）
栽培ダイズだが、周囲は雑草だらけである。

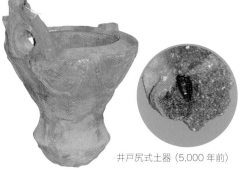
井戸尻式土器（5,000年前）

太郎迫式土器（縄文後期中頃）

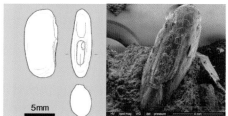
山梨県酒呑場遺跡の土器圧痕から発見された
縄文時代中期のダイズ（小畑2014より）

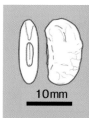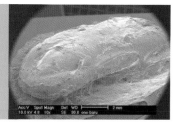
熊本県大野原遺跡の土器圧痕から発見された
縄文時代後期のダイズ（小畑2014より）

Outline
　縄文時代の栽培ダイズの採取の様子を描い
たイラスト。縄文時代中期以降にマメが大型
化していく段階において、実際の当時のマメ
利用の様子が、前項の「ツルマメを採取する
縄文人」とこの復元イラストとどちらの状況
に近かったのかは、今後様々な研究を積み重
ねていくなかで明らかにしていく必要がある
が、時期や地域によっても異なっていた可能
性もある。この2つの復元イラストは、そ
のための議論の素材として使用することも意
図して制作した。

15 編みかごを作る縄文人

東京都下宅部遺跡からは、非常に精巧に作られた編組製品（編みカゴ）が出土した。

鈴木三男氏らを中心とする「あみもの」研究会によって、この第8号編組製品の復元実験が行われた。その際に明らかになった製作工程を、4つの復元イラストとして描いた。

5cm

底

東京都下宅部遺跡第8号編組製品の出土状況と実測図・復元されたかご
（東村山ふるさと歴史館提供）
非常に細く薄く作られたヒゴによって緻密に編まれている。

伐採

束にまとめる

下宅部遺跡から出土した素材束（東村山ふるさと歴史館提供）
その葉鞘から検出した植物珪酸体からネザサ節とわかった。

アズマネザサの採集
いろいろな状態のアズマネザサを採集し、太さで分類。束にしてまとめて製作前に水漬けにする。節にある白い部分が一年生の特徴。

❶素材（アズマネザサ）の採集

　下宅部遺跡から出土した編組製品のほとんどは樹種同定により「タケ亜科」と同定されている。タケ亜科にはタケ類やササ類が含まれるが、樹種同定では種を特定することができない。下宅部遺跡から出土した編組製品の素材束の分析ではネザサ節（タケ科タケ亜科メダケ属）の植物珪酸体が検出されている。ネザサ節にはアズマネザサが含まれる。そこで東村山市の現在の植生から、最も可能性が高い候補としてアズマネザサを素材として利用したと考えた。

　復元イラストでは、アズマネザサを採取している様子を描いている。アズマネザサの1年目の個体がかご作りに適している。1年目の個体は、クリーム色をした稈鞘（皮の部分）が汚れていたりぼろぼろになっていたりしないため、稈の緑色と稈鞘との色調の違いがはっきりとしている。そういった個体を選んで採取し、2年目以降の個体（稈鞘が取れてやや茶色っぽい個体として表現）を残している様子にした。

　一方、稈をどのように伐採したのかは不明なため手元は隠してある。石器で稈に傷を付けながら丁寧に切り取ったのだろうか。石斧で叩きつけたのだろうか。伐採した稈は、その後水漬けにするため束にしてツルで縛っている。縄で縛ることもあったかもしれない。

下宅部遺跡第7号水場遺構（東村山ふるさと歴史館提供）
水がオーバーフローしていく砂防ダムのような構造になっている。この周囲で多数のかごが出土した。

❷素材の水漬け・割裂き・肉削ぎ

　下宅部遺跡では、編組製品の多くが第7号水場遺構の周辺から見つかっている。第7号水場遺構は水をせき止める構造をしているため、上流側に素材束を水漬けしている様子を描いた。素材束は2つあり、手前が丸木の束、奥が半割にした素材束である。

　男性は石器を使って素材を半割にしている。復元実験では、水漬けにした稈の細いほう（上側）から石器で切れ込みを入れ、裂くように刃を入れるだけできれいに半割にできることを確認した。四分割、八分割も同様である。しかしながら、「叩き割る技法」は描いていない。どのような台で、どのような叩く道具があったのかは不明なためである。

　隣の女性は八分割にした素材を口と手を使って肉削ぎをし、薄いヒゴに調整している。隣にいる子どもは、口削ぎを教えてもらっているシチュエーションにした。

ヒゴ作り
水漬けにした素材を石器を使って割り裂く。8分割したヒゴの内側の肉を削いで、薄いテープ状のヒゴを作る。手でもできるが、口を使うと効率よく削ぐことができる。

（表示以外写真すべて工藤雄一郎撮影）

ヒゴを水漬けに
じておく

ヒゴを入れる

持ち上げる

水につけたヒゴ
ヒゴは、水につけて硬くならないようにする。

❸底部を組む作業

かごを編み上げる一番最初の工程である。ここで
は縦横にヒゴを組んでいき、底部を作る作業の様子
を描いているが、一番の最後の素材を1本入れて
いるシチュエーションになっている。ヒゴを密に詰
めて縦横に組んでいく作業は2人のほうが効率が
良く、左の女性は、右手にこれから入れるヒゴを持
ち、左手で組んだヒゴを押さえている。右側の女性
は3本1単位にしたヒゴの束を持ち上げてヒゴを
入れやすいようにしている。

❷や❹の左側の人が行っている素材調整の作業に
よって薄く調整されたヒゴは、これから編み上げて
いく作業に使用するため、乾燥して硬くならないよ
うに水漬けにして脇に置いている。どのような容器
にヒゴを水漬けにしていたのかは不明だが、ある程
度の長さのヒゴが入り、水が溜められる大型の容器
として、下宅部遺跡の第3号水場遺構から出土し
ているクリ製の鉢(長さ約50cm)をモデルにした。

作業をしている場所にはゴザのようなものを敷い
ているが、どのような敷物があったのか、あるいは
敷物をせずに作業をしていたのかは不明である。ま
たこの作業を屋内で行ったのか、室内で行ったのか
も不明である。広く平らなスペースが必要なため、
比較的大きな住居があれば屋内で行うことができる
かもしれないが、下宅部遺跡では住居の遺構が発見
されていないため、復元イラストでは屋外での作業
とした。

底部を組んでいく作業
2人のほうが効率がよい。

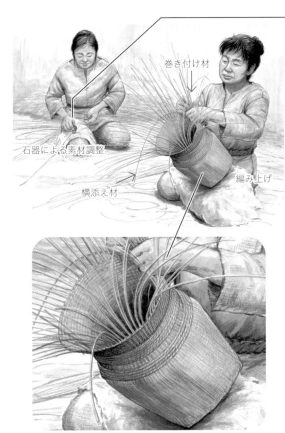

巻き付け材

石器による素材調整

横添え材

編み上げ

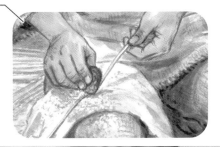

石器による素材調整

❹石器による素材調整・編み上げ

　左側の女性は、鋭利な剝片石器でヒゴの内側を削り、薄く調整している。

　右側の女性は、第8号編組製品の口縁部を編んでいるところである。タテ材とやや太めのヨコ添え材を編み、細いテープ上のヒゴで巻き付けていく、ヨコ添え巻き付け編みの様子を描いている。かごの左側に垂れている太い一本のヒゴがヨコ添え材、女性の手元から顔のほうに跳ねている一本の細い材が巻き付け用のヒゴである。

　こうした編み上げ作業は時間がかかり根気がいる作業であるため、屋内でじっくり行ったのではないだろうか。

ヨコ添え巻き付け編みで口縁部を編む作業

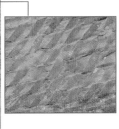

下宅部遺跡第8号編組製品のヨコ添え巻き付け部分
（東村山ふるさと歴史館提供）

16 水辺でくらす縄文人

水場とトチノキ利用（『水辺と森と縄文人―低湿地遺跡の考古学―』2005）
水さらし場でのトチノキ利用をイメージしたイラスト。栃木県寺野東（てらのひがし）遺跡などの木組遺構や東京都下宅部（しもやけべ）遺跡で発見された木組遺構がモデルとなっているものと思われる。全体的には川の流れが強すぎるようにも感じるが、このイラストには水辺での活動の様々な要素が組み込まれている。

❶トチの実拾い
川辺のトチノキの下で、実を拾ってカゴに入れている。

❷採取した木の実を貯蔵穴に入れる
トチノキ種子をまずは低地の貯蔵穴に入れて水漬けにし、虫殺しをする作業が描かれている。奥の貯蔵穴は粘土で蓋がされているようだ。

Outline

　縄文時代後晩期になると、東日本では一般的に低地での活動と植物加工が活発化したようであり、水場遺構やトチ塚などの検出例が増えてくる。水場でのトチノキ利用と新潟県青田（あおた）遺跡のイラストは「水辺と森と縄文人」展（2005年）の際に描かれたものだ。水辺での生き生きとした縄文人の生活の様子と植物利用の工夫が見えてくる。

❸乾燥
水漬けして虫殺ししたトチノ
キを、ムシロやゴザに広げて
干し、乾燥させている。

繊維の水晒し
アサやカラムシなどの植物繊維を晒している様
子が描かれている。

❹皮むき
石皿と叩き石をつかって乾燥させた
トチノキの種皮をむく作業。左手前
にも大きく描かれている。

❺捨て場
剥かれた種皮が川辺の捨て場に廃棄される
様子。遺跡で発見されるトチ塚であろう。
楽しそうな子供の様子がほほえましい。

❻水晒し
皮をむいた種子を水場で水晒ししている（木枠
は板状に描かれているが、丸木にしたほうが良
かったかもしれない）。

❼土器での煮沸
水晒しと煮沸を数回繰り返す。

木に巻いて
固定する

樹皮を紐で
とじる

樹皮製曲物の製作工程（『水辺と森と縄文人―低湿地遺跡の考古学―』2005）
縄文時代晩期に多く製作された樹皮製容器の製作工程を、2つのイラストで示した。
側板となる樹皮の表皮側を内側にして丸木に巻きつけてしばらくの間固定し、表面に漆を塗ってから接合部や底板と縫い
合わせると推定されている。青森県是川中居遺跡出土の漆塗り樹皮製容器などがモデルになっている。是川中居遺跡では
ケヤキの樹皮が使われている。

水辺のムラ（新潟県青田遺跡）

（『水辺と森と縄文人―低湿地遺跡の考古学―』2005）

青田遺跡は新潟平野にある縄文時代晩期の集落遺跡で、幅25～51m、深さ4mの川の両岸にそって、大小の掘立柱建物が58棟見つかった。また生業に関わる多くの有機質遺物が出土したことで注目を集めた。イラストには、掘立柱建物の周囲で様々な作業をする縄文人が描かれている。丸木舟から魚を降ろす人、魚をさばく人、クリ果皮の捨て場、かごやウケを作る人、あんぎん編みをする人、櫂を作る人などが見える。

食料確保の新しい工夫

（『NHK 日本人はるかな旅 ③　海が育てた森の王国』2003）

縄文時代後期になって、クリ利用に変わって、アク抜きが必要なトチノキの利用が盛んになる様子を描いたイラスト。埼玉県赤山陣屋跡遺跡の水晒し場遺構などがイメージされているのだろう。

17 北の島の縄文人のくらし
―北海道船泊遺跡―

(『北の島の縄文人―海を越えた文化交流―』2000)

Outline

今から約 3,700 年前の北海道の礼文島の船泊遺跡（縄文時代後期）の様子。久種湖、遠くに利尻富士が見える。左手には住居内部が見えるように描かれており、非常に深い竪穴住居であることがわかる。船泊遺跡は貝製装身具の製作遺跡でもあり、貝殻で平玉などのアクセサリーを作っている様子が右手に描かれている。

18 北の縄文人の埋葬

船泊人の埋葬の様子１
北海道船泊遺跡では縄文時代後期の合計24基の墓が見つかっており、埋葬された人骨の多くは東に顔を向けた屈葬の姿勢であった。たくさんの貝玉を付けたまま埋葬されている例があり、ベンガラが撒かれているものもある。このイラストは船泊遺跡のそのような墓に埋葬するシーンをイメージしたイラストである。足首と腕に貝玉を大量に身に着けており、11号人骨をイメージしたイラストだろう。

Outline

　船泊遺跡から出土した墓と人骨、装身具の状況から、埋葬に関連するイラストが多数描かれた。死を悲しみ埋葬する縄文人の表情にも注目してほしい。

船泊人の埋葬の様子２　（『日本人はるかな旅展』2001）
同じく船泊遺跡の埋葬の様子のイラストで「日本人はるかな旅展」（2001年）用に新たに描かれたもの。屈葬の被葬者を包んでいた毛皮を少し外して、ベンガラを撒いているシーンになっている。よく見ると、上のイラストよりも人物が少なく、また土壙の左側に置かれた毛皮がない。被葬者には足首に貝玉がなく腕と頸には大量にかかっており、15号人骨をイメージしたものかもしれない。

船泊人の埋葬の様子3
図録には掲載されていないイラストである。屈葬の姿勢にして埋葬する際に毛皮で包んだ状態をイメージしたものである。埋葬の一番最初のシーンをイメージしたものだろうか。

船泊人の墓地の様子（159頁の拡大）
船泊遺跡の墓は合計24基あるが、石がないものや石が環状にめぐらされているものがある。これらの墓に埋葬されていた人骨には貝殻で作られた貝玉が多数身につけられていた。

（表示以外すべて『北の島の縄文人―海を越えた文化交流―』2000）

19 船泊遺跡の人々が身に着けたアクセサリー

13号人骨・40代前半女性

10号人骨・40代女性

11号人骨・30代女性

7号人骨・40代男性

23号人骨・50代女性

Outline

　船泊遺跡の墓から出土した人骨の性別や年齢層などの特徴と、埋葬者が身につけていた装身具を考慮して復元したイラスト。多くの女性が貝玉を身に着けているが、男性は変わりにヒスイ大珠をつけている。50代女性の珠はかんらん岩製。

20 船泊遺跡の貝玉づくり

船泊人の貝玉の様子（159頁の拡大）

Outline
　船泊（ふなどまり）遺跡で出土した貝玉の製作工程を、4つの段階に分けて示した。

❶貝を割る
台石に素材となる貝（ビノスガイ）を石のハンマーで大きく2つ割り、余分な部分を打ち欠いて三角形の素材を作る。

❷丸い形にする
素材の角を台石の上に置きながら、ハンマーで少しずつ打ち欠きながら丸い形にする。

❸穴をあける
メノウ製のドリルで穿孔する。まずは内側から少しあけ、次に外側からあける。この段階の破損品が多い。

❹仕上げ研磨
打ち欠きの痕跡が残っている周囲を砥石で丁寧に磨き、凹凸をなくす。

（『北の島の縄文人―海を越えた文化交流―』2000）

21 海獣猟と縄文人

Outline

　北海道の縄文人は生業活動のなかでも海獣類（オットセイ・アシカ・トド・アザラシ類・イルカ類・クジラ類など）の狩猟の占めるウェイトが高く、縄文時代後期の礼文島の船泊遺跡や浜中２遺跡では多くの海獣類の骨が出土している。これらは北の島での縄文人の生業の様子をイメージしたイラストである。

浜中２遺跡の海獣狩猟

浜中２遺跡では船泊遺跡と異なり銛先が出土していない。出土したアシカの骨はオス・メスの成獣の他に子どもがたくさん捕獲されている。アシカが群れをなして陸上で暮らすのは夏であるため、夏にトド島に舟で渡り、アシカの群れを棍棒で殴って捕獲したと推定したイラスト。

船泊遺跡の海獣猟

礼文島の船泊遺跡や浜中２遺跡では、オットセイ・アシカ・トド・アザラシ類・クジラ類などの海獣類を盛んに捕獲していた。船泊遺跡では海獣骨で作った銛先が多数出土しているため、礼文の海を泳いでいる海獣を銛で捕獲したと考えられている。両遺跡でとくに捕られていたのはアシカであり、このイラストは舟からアシカに銛を投げつけている様子である。

（『北の島の縄文人―海を越えた文化交流―』2000）

解体する

肉を切る

肉をゆでる

肉を干す

海獣の解体と加工

とってきた海獣はムラに持ち帰られ、ナイフで解体されて毛皮・脂肪・肉・内蔵・骨などに分けられた。船泊遺跡の人々は多数のアシカを捕獲していたため、毛皮・脂肪・干し肉も大量に生産されたと推定されている。8つのシーンが描かれている。

毛皮をなめす

（制作年不明）

毛皮を干す

脂肪をゆでる

脂肪を保存する

（表示以外すべて『北の島の縄文人─海を越えた文化交流─』2000）

22 土器での調理と縄文人

縄文土器での煮炊きの様子
(『特別展「縄文 vs 弥生」』2005)
縄文人には平均して1～2本の虫歯があり、その原因として土器による煮炊きによってデンプン質の粥状のものが歯に付着したことが原因であることを示すイラスト。老齢の女性の歯は抜けてしまっているが、美味しそうに粥を食べている風景が微笑ましい。

魚の解体と土器での煮炊き (『特別展「縄文 vs 弥生」』2005)
縄文時代にも工夫をこらした調理法があったことを示すために描かれたイラスト。魚は石皿をまな板がわりにして石匙で解体するところ。煮炊きの様子は、ちょうど切り身にした魚を入れているところで、魚や肉、野草などをいれて煮るごった煮的な料理があったことをイメージしている。

縄文土器をつくる母子
(『特別展「縄文 vs 弥生」』2005)
このイラストでは、母は土器を整形しており、子どもは母を真似して手づくねで小さな土器を作っている状況をイメージして描かれている。右には縄文犬もいる。

23 エリ漁と黒曜石の採掘

エリで漁をする様子
（『ポプラディア情報館　衣食住の歴史』2006）
縄文時代の北海道や東北で川に遡上してくるサケなどをエリで捕まえ、ヤスで突く状況を描いたもの。

❶黒曜石採掘前の様子
ミズナラを中心に、コナラ、イヌシデ、カラマツなどからなる森林が描かれている。

黒曜石を含む
白色粘土層

❷1回目の採掘
山の斜面を堀り、地表面から黒曜石の鉱床まで掘り進む様子が描かれている。

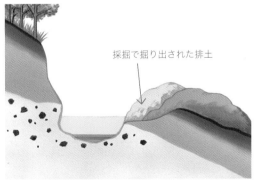

採掘で掘り出された排土

❸1回目採掘活動後の様子
採掘活動後に放置されると、竪坑に雨水や地下水が溜まる。

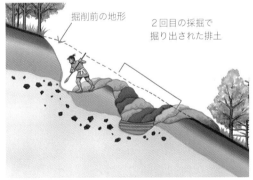

掘削前の地形

2回目の採掘で
掘り出された排土

❹2回目の採掘
2回目の採掘で掘り出された排土は、前回の竪坑の窪地に捨てられる様子が描かれている。

黒曜石の採掘（『イミダス特別編集　縄文世界の一万年』1997）
長野県霧ヶ峰の星糞峠において発見された黒曜石採掘址群の形成過程を示したイラスト。採掘とその埋没に関わる4つのシーンから構成されている。

24 縄文時代の住居と墓

❶竪穴を掘る

❷柱穴を掘って主柱を建てる

❸棟木を通し、
垂木をかける

竪穴住居ができるまで

縄文時代の竪穴住居の建築から埋没までの過程を5つのイラストで示したもの。関東地方などでみられる縄文時代中期の円形住居で、直径4m程度、4本柱の竪穴住居のイメージで、カヤや樹皮で屋根がふかれ、一部土をかけている。

Outline

　これらのイラストは主に「縄文vs弥生」展（2005年）の際に、縄文人の特徴や生活の様子を示すために描かれたものである。

　竪穴住居の場合、遺跡の発掘調査で検出されるのは竪穴と貼り床、柱穴、石囲い炉や炉体土器などであり、構築材が検出されることはほとんどない。ごくまれに、焼失住居など

の場合には、柱や上屋の木材が炭化して出土することがある。東日本の竪穴住居には、クリ材が使われていることが多い。

　縄文時代の墓には様々なタイプがあるが、ここでは一般的な屈葬による土壙墓の埋葬の様子が描かれている。

❹樹皮、カヤなどで屋根を葺く

❺廃棄後の竪穴跡はゴミ穴などに使われる

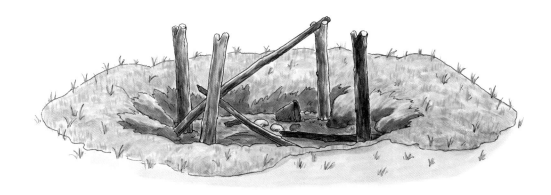

（『特別展「縄文vs弥生」』2005）

Chapter3　縄文人のくらし

171

縄文時代の平地住居（『ポプラディア情報館　衣食住の歴史』2006）
竪穴住居と対比すると、特徴がよくわかる。地面に掘り込みはなく、壁際に柱
を立てて空間を作っている。

縄文時代の墓（『特別展「縄文 vs 弥生」』2005）
縄文時代に多く用いられた一人ずつ穴を掘って埋葬された土壙墓を描いたもの。長野県北村遺跡の埋葬人骨が
素材となっており、屈葬の状態で、胸にはイノシシの牙製の首飾り、右腕にも牙製の腕輪がある。なお、構図
が旧石器時代の湯の里４遺跡の土壙墓（☞98頁）、縄文時代草創期の土壙墓（☞116頁）、縄文時代後期の船
泊遺跡の土壙墓（☞160・161頁）ですべて共通しているが、最初に描かれた船泊遺跡のイラストを参考にし
て、その後のイラストが製作されたためである。

25 縄文から弥生へ

弥生人の集落の様子を眺める縄文人（『日本人はるかな旅展』2001）
『日本人はるかな旅展』の第５章「そして日本人が生まれた」の扉のイラストとして描かれたもの。稲穂が稔り収穫する弥生人が遠くに描かれ、手前にはそれを眺める３人の親子がいる。彫りの深い横顔の男性は明らかに縄文人的な風貌であり、弥生人の集落を観察しにきた縄文人をイメージしているのだろう。

西にいった亀ヶ岡
福岡平野における最初の弥生土器の製作場面の想像図。東北からはるばるやってきた縄文人男性の土器製作者が、地元の女性土器製作者に東北の縄文文様を教えている状況。東北の亀ヶ岡式土器に用いられた重弧文が弥生時代前期の土器にも取り込まれたことをイメージしたもの。奥にある漆塗りの弓は福岡県雀居遺跡から出土した弓がモデルとなっている。

Outline

縄文時代の終わりから弥生時代の始まりの頃、日本列島の各地で、土着の縄文人と稲作文化を携えてやってきた弥生人との間で、様々な出会いや交流があったことだろう。そうした状況が、3つのイラストで示されている。「西にいった亀ヶ岡」と「東にいった遠

東にいった遠賀川（おんががわ）

東北北部の小河川のほとりの湿地で、西からやってきた弥生人の指導のもと、在地の縄文人が水田を作る作業をイメージしたイラスト。十数人の縄文人は簡素な木製の鋤を手に土を掘り返し、水田の畦を作るために土を盛っている。右の白い衣服の2人は九州の弥生人のイメージだろうか。左手前には西日本の遠賀川式土器の影響を受けた、遠賀川系土器（甕）がある。

賀川」は、その象徴的なイラストである。これらは「弥生はいつから!?」展（2007年）の際に描かれたイラストで、北部九州で稲作が始まり、在地の縄文人と交流しながら、稲作文化が広がっていく様子が東西の対象的な2つのイラストで示されている。

（『弥生はいつから!?―年代研究の最前線―』2007）

26 縄文から弥生の土器のうつりかわり

九州北部の土器編年

近畿地方の土器編年

弥生早期

縄文晩期

弥生前期

弥生前期

弥生中期

弥生中期

東北地方の土器編年

縄文晩期（大洞 C$_2$ 式）

弥生前期（砂沢式）

弥生中期（桝形囲式）

（『弥生はいつから!?―年代研究の最前線―』2007）

Outline

　「弥生はいつから!?」展
（2007年）の際に描かれたイ
ラストで、土器型式による
広域編年を説明するために
使用された。青森県と福岡
県という非常に離れた地域
間でも、同じような形をも
つ土器があれば、2つの地
域の間をつなぐ土器による
モノサシをつくることがで
きる。北部九州から西日本
へと広がっていった弥生時
代早期の突帯文土器や弥生
時代前期の遠賀川式土器、
東から来た縄文時代晩期の
大洞式土器などが、地域間
の文化的接触や交流を紐解
く鍵となる。

27 縄文人女性と弥生人女性

Outline

縄文人女性は若い年齢層、弥生人女性は
まだ子どもで、顔の特徴はいわゆる「渡来
系弥生人」である。衣服や装身具などは、
それぞれの時代に特徴的な資料をもたせて
いる。縄文人女性が持っている道具や装身
具は土偶や遺跡出土の装身具などをもとに
描かれているが、参考としている資料には
縄文時代後期から晩期までやや幅がある。
これらは「水辺と森と縄文人」展（2005 年）
と「弥生はいつから !?」展（2007 年）の際
に作成したイラスト。どちらも図録の表紙
に使われた。

土偶頭部から
推定した上げ髪

漆塗櫛

かんざし

貝製腕輪

赤い音で刺繍した
布製バンダナ

貝製玉とヒスイ
のネックレス

赤色漆塗
耳飾

ガラス製管玉と
ヒスイ製勾玉の
ネックレス

朱漆塗
木製水差し

貝製腕輪
と漆塗腕輪

茜で染めた
布の帯

布製のベルト

刺繍に使っ
た赤い糸

貝製足飾り

服の文様モデル
工字文

皮靴

布靴

縄文人女性
（『水辺と森と縄文人—低湿地遺跡の考古学—』2005）

弥生人女性
（『弥生はいつから !?—年代研究の最前線—』2007）

28 縄文と弥生を比較する

縄文のムラの一般的なイメージ
縄文と弥生の一般的なイメージを対比するために描いたもの。縄文人は毛皮をまとい、弓矢で狩りをし、竪穴式の家に住み、
文様の多い縄文土器を使っているというようなイメージで描かれている。

骨からわかる運動能力（縄文人）
骨格の特徴からみて、縄文人と弥生人はどんなスポーツが得意そう
かを示したイラスト。縄文人の四肢は肘から先・膝から下が長く、
脚の力も強い。小柄ながら運動能力は高く、現代なら軽量級のボク
シング選手になったり、サッカーも得意かもしれない。

Outline

　「縄文 vs 弥生」展（2005年）の際に描かれ
たイラストで、一般的なイメージの「縄文ム
ラ」と「弥生トシ」が対比されている。スポー
ツをしているイラストは、縄文人・弥生人の
骨格の特徴から、得意としそうなスポーツを
描いてみたもの。

弥生のトシの一般的なイメージ
貫頭衣を着て、みんなで稲作を行い、高床の家に米を貯蔵し、銅鏡や銅鐸や支配者のシンボル、というような一般的なイメー
ジを描いたもの。

骨からわかる運動能力（弥生人）
弥生人は、縄文人と比べると大柄だが、現在の我々と似た体つきを
しており、運動能力も我々と大差ない。我々と違ったスポーツが得
意ということはないが、しいて言えば、寒冷地適応の「胴長短足」
でどっしりした体格が、相撲に適している。縄文人のサッカーと対
比するなら、弥生人はラグビーが得意かもしれない。

（『特別展「縄文 vs 弥生」』2005）

復元イラスト制作のプロセス
～考古学における復元イラストの役割～

工藤雄一郎
KUDO Yuichiro

　これまでの石井礼子さんとのイラスト制作のプロセスを簡単に紹介したい。考古学の復元イラストの作成は、他の多くのイラストレーターの方々も同様のプロセスで完成させていると思われるが、イラストの構想から完成までには、監修者と制作者との間で入念な打ち合わせと制作途中での内容確認がとても重要である。東京都下宅部遺跡のイラストを例に説明してみたい（☞132・133・148・149頁）。

1　全体的なイメージを決める

　下宅部遺跡の景観復元では、まず、どのような範囲を描くかを決める。下宅部遺跡は、川、低地～平坦部、狭山丘陵の大きく3つの地形的要素からなるため、川を入れて、南側から遺跡を鳥瞰的に眺める風景（背後には狭山丘陵が見える）が良いだろうということになった。そこで、石井礼子さんに東村山市まで足を運んでいただいて、一緒に「下宅部遺跡はっけんのもり」（遺跡の現地）や、当時の景観を連想しやすい八国山緑地を歩いて、遺

跡のイメージを共有した（①②）。
　下宅部遺跡の景観復元イラストでは、千葉敏朗氏、佐々木由香氏、能城修一氏と筆者がお互いのイメージとアイデアを持ち寄り、イラストの素案を考えた（③）。絵心がない我々にはなんとも拙いイメージであるが、これをまずは作ることが我々にとっても石井礼子さんにとっても、極めて重要になる。
　あみもの研究会による第8号編組製品の復元実験をもとにした4つのシーンのイラスト（☞148・149頁）では、実験で明らかになった様々なシチュエーションを切り取る形でシーンを決めた。このような事例では、具体的な作業風景を、イラストとして表現したい向きで撮影した写真が、イラスト作成の基本的な素材となることが多い（④⑤）。

2　キャンバスのサイズを決める

　下宅部遺跡の景観復元イラストなどの場合には、B2サイズ（515×728㎜）程度の大きなキャンバスに描いてもらうことが多い。ある

① 下宅部遺跡と八国山緑地の景観の見学

② 下宅部遺跡のすぐ近くを流れる北川の様子

③下宅部遺跡の景観復元イラストの構成案のメモ書き（主に佐々木由香氏が描いたものに、工藤が説明を追加した）

④第8号編組製品復元実験の際の動作

⑤指の動作のアップ

程度の大きさがないと、景観復元図の中に人物の動作を描けないからである。なお、これとは別に小さな個別のシーンを一つのイラストとして描く場合は、A4サイズ（210×297㎜）〜B4サイズ（257×364㎜）程度のキャンバスに描いてもらうことが多い。

大きいキャンバスになればなるほど多くの要素を入れられるが、その分「空間を埋める」ことが大変になり、仕上げも時間がかかるので、時間・労力と表現したい内容との両者バランスに配慮して、サイズを決定する。

3　対象となる考古資料を吟味し、イラストのシーンやシチュエーションを考える

下宅部遺跡の景観復元イラストの場合、縄文時代後期の約3,700年前ごろの様子を描くことにした。半分埋もれた第7号水場遺構、ウルシの杭列、狩猟儀礼、動物解体、第3号水場遺構での木製品の加工と、川の周辺だけでもこれだけの要素が入っているが、遺跡内で発見された遺構や遺物が同時に使用されていたわけではないし、同時にこれほどたくさ

んの人が居たわけではないことは言うまでも
ない。しかし、シチュエーションを変えて何
枚もイラストを描くことは不可能であるため、
遺跡の景観復元イラストの場合、ついつい多
くの要素を入れてしまう。屏風のなかに江戸
の様子がぎっしりとつまっていて徳川家光が
各場面にたびたび登場する「江戸図屏風」のよ
うなものだと思っていただければ良いと思う。

4 ポイントとなる部分では

　とくに念入りに描いてほしい部分では、資
料(主に写真)を準備して素材として提供する。
　下宅部遺跡では、低地からトチ塚が5箇所
見つかっている。トチ塚があるということは、
トチノキの種皮を川にまとめて捨てたという
ことだ。まとめて捨てたからにはなにか容器
に入れてもってきて捨てたに違いない。下宅
部遺跡には編みかごが50点ほど見つかって
おり、カゴやザルは日常使いされていたはず
である。幸いにして、第8号編組製品の復
元試作品の一つがあった。そこで、イラスト
にはカゴを持っている人が、トチノキの種皮
を捨てる様子を入れることにした。その動作
を写真として撮影し(⑥)、その様子をイラ
ストに加えてもらうことにした。個別のシー

⑥第8号編組製品の復元品をつかって、
トチノキの種皮を捨てるポーズを検討

ンや動作は、このようにその動作を実演し、
それを写真に撮って石井礼子さんにお渡しし
てイラストにしてもらうことが多い(⑤⑥)。
このような素材をいかに多く準備できるか否
かで、イラストのリアリティーが違ってくる。

5 ラフスケッチを描いてもらう

　これらの資料に基づいて、まずは石井礼子
さんにA3程度の用紙に鉛筆画でラフスケッ
チを描いてもらう。これのコピーを取って、
コピーに直接修正を指示したり、追加の要素
を書き込んでいく(⑦~⑪)。このやりとり
を何度も繰り返して、我々のイメージとイラ
ストとを近づけていく。

6 本番用のイラストの制作

　ラフスケッチが完成したところで、次に本
番用のキャンバスに描いてもらい、色を薄っ
すらと入れた段階で(⑫⑬)、細部の書き込
みの具体的な相談を行う。色を完全に付けて
しまうと後から修正が難しくなるため、ここ
での相談がとても重要で、細部の要素の希望
を石井さんに伝える(⑭)。モノクロの線画
の段階で気がつけばよいのであるが、モノク
ロの段階と、少し色が入ったカラーの段階で
は、見え方が大きく違ってきて、これまで気
がついていなかった問題点を発見することが
多い。おかしな点に気がついた場合には、こ
の段階で修正する。

7 細部の微調整をして完成

　徐々に色を加えていきながら、細部の調整
を進める(⑮)。例えば、下宅部遺跡の景観
復元ではウルシはクリと比べてやや黄色っぽ
い色を交えるなど、植物の色味を調整して区
別したり、よく手入れされた公園的な環境に
ならないように、低木や雑草などを追加する。
また衣服の色も最後に調整して加えていく

⑦ 下宅部遺跡景観復元イラストの最初のラフスケッチ　　　⑧ ラフスケッチの修正指示（1）

⑨ ラフスケッチの
修正指示（2）

⑩ ラフスケッチの
修正指示（3）
○には、⑥で検討した
ポーズが採用された。

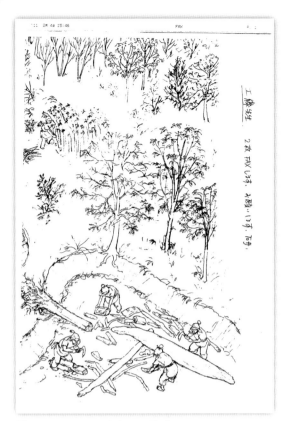

⑫ 本番用のイラストにうっすら色を入れたもの

⑬ 本番用のイラストへの指示

⑪ ラフスケッチの細部の最終確認

⑭ ラフスケッチと重ねて細部をチェック

⑮ 本番用イラストに
色を追加して
いったもの
完成まではもう一
歩の段階。

⑯ 本番用イラストの細部の調整
この段階ではまだ人物の衣服に色が入っていないかった
り、低木が追加されていない。

⑰ 本番用イラストの修正指示の例
佐々木由香氏からのコメントに対して、筆者が修正の確
認を求めた。

（⑯は衣服に色を入れる前のもの）。この段階にな
ると、原画をデジタルカメラで撮影して、す
ぐにカラープリンターで印刷し、それに細部
の調整の指示を書き込むことが多い。共同研
究者とのやりとりにはパワーポイントを使っ
て直接画像に書き込んで指示をお願いしたり
する（⑰）。

　このような作業を繰り返して最終的に完成
させるが、どこで「完成」とするのか悩まし
く、気になりだしたら際限がなくなってしま
う。そこで、大抵は展示や図録の期限や予算
の執行の期限などに合わせて、修正作業を終
了することになる。

＊

　以上がイラスト制作の簡単な流れで、これ
らのイラストの完成にはだいたい１年くら
いの時間をかけている場合も多い。イラスト
の作成の過程で新たな発見があったり、新し
い事実が見つかることも多い。こうした点が
考古学におけるイラストの重要性でもあり、
面白い点であると思う。「遺跡出土資料とイ
ラストを両方みて、ようやく遺跡での人びと
の様子が具体的にイメージできるようになり
ました！」と言われるととても嬉しい。その
反対に、「ちょっとこの部分おかしいんじゃ
ないの？」と指摘されると、「しまった…」
と狼狽しつつも、新たな発見と次なる展開へ
の期待が高まるのだ。

Chapter 4

その後の時代

解　説

　「くらし」に関わるイラストは旧石器時代と縄文時代が圧倒的に多いため、弥生時代以降はここに一括してまとめている。弥生時代のイラストは、「縄文 vs 弥生」展（2005 年）、「弥生はいつから!?」展（2007 年）に描かれたものが多いが、縄文時代と比べると少ない。イラストの風景としては環濠集落と水田に関係するものが中心である。当然であるが、縄文人と弥生人の顔はしっかり書き分けられており、弥生人の顔はいわゆる「渡来系弥生人」の顔になっていることにも注目しよう。

　「時代の風景」は、ポプラ社の『ポプラディア情報館　衣食住の歴史』（2006 年）にまとめて描かれたもので、それぞれの時代を特徴づける代表的なシーンがイラストになっている。「衣服の歴史」も、服飾史のアウトラインを理解するのに大いに役に立つ。

　動物のイラストは、それぞれの時代の生業を解説する際に描かれたものが多いが、あえて動物シリーズとしてまとめておいた。縄文時代のイノシシと、弥生時代のブタなども比べてみると面白いだろう。

　放射性炭素年代測定の原理の概略図は石井礼子さんの原画をデジタルトレースして作成しているため、他のイラストとは少し雰囲気が異なっている。炭素 14 がどのように生成され、大気中を循環して生物に取り込まれ、そして取り込まれなくなることによって時計の針がスタートする様子が大変良くわかり、このイラストも様々な図録・書籍に使用されている。

（工藤雄一郎）

1 弥生時代の風景

イネの収穫（『NHK 日本人はるかな旅 ④　イネ、知られざる1万年の旅』2003）
弥生人の女性が稲穂を石包丁を使って摘み取る様子が描かれている。現在と異なり、イネの雑多な品種が混じり合っている状況では、それぞれの生育度合いも異なる。そのため、熟した稲穂から順次摘み取る必要があるため、石包丁による穂積摘み刈りが必要になる。
左の男性は稲わらを抱えているが、そこには稲穂は付いていない。穂摘み刈りが終わったものを刈り取ったのだろう。奥には木製の鍬を使って水田を耕す男性も描かれている。『NHK 日本人はるかな旅④』（2003 年）のカバーイラストとして使用された。

Outline

　弥生時代のくらしのイラストとして最も取り上げられるのは、稲作の風景と環濠集落である。とくにイネの収穫の様子は、弥生時代の象徴的なシーンとして様々な場面に描かれている。縄文時代と異なり、弥生人の衣服は貫頭衣として描かれている点にも注目しよう。

弥生時代のくらし（『ポプラディア情報館 衣食住の歴史』2006）

環濠集落の様子が描かれており、吉野ヶ里遺跡などをイメージしたものだろうか。稲刈り、脱穀、高床式倉庫、竪穴住居などがみえる。原始機での機織りの様子も描かれている。右手前の果樹はカキとして描いたそうだ。

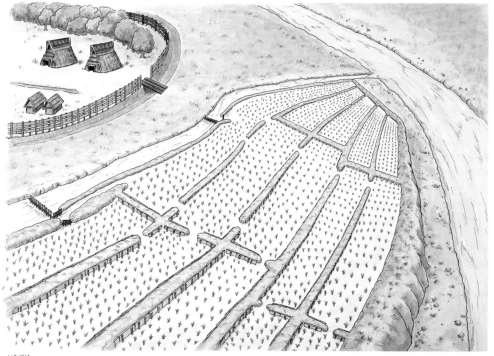

板付遺跡の想像図（『特別展「縄文 vs 弥生」』2005）

環濠集落のすぐ近くに作られた水田を描いたもの。板付遺跡で見つかった最古の水田にみられる、水の調整を行う給排水施設がイメージされている。ただ、水の流れなど、構図的に少し不自然になってしまっている。環濠集落と川と水田のすべての要素をイラストに収めるために苦労した様子がうかがえる。

2 弥生時代のくらしと同時代の世界の人々

Outline
　これらは、「縄文 vs 弥生」展
（2005 年）と『ポプラディア情
報館　衣食住の歴史』（2006 年）
の際に描かれたもので、弥生時
代の道具や土器の使用や、アク
セサリー類、衣服などのイラス
トがある。

石包丁による穂摘み刈りの様子
（『ポプラディア情報館　衣食住の歴史』2006）
石包丁によって稲穂の穂首だけを摘みとる様子。

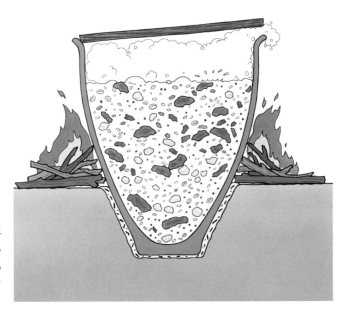

弥生時代の甕での煮炊きの様子
土器の3分の1くらいを炉の中に埋めて、イネ
とマメ類や野菜、山菜などと一緒に雑炊状にし
て調理していた様子を、断面で切って描いたも
の。木の蓋は落し蓋のようになっていて、時々
吹きこぼれる様子が描かれている。

弥生時代と同時期の世界の人々
「縄文 vs 弥生」展（2005 年）の展示の際に年表
に使用するイラストとして描いたもの。

マケドニア

アレクサンダー大王

古代ローマ

シーザー

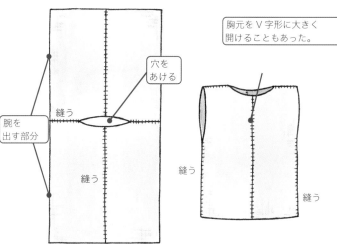

胸元を V 字形に大きく
開けることもあった。

穴を
あける

縫う

腕を
出す部分

縫う

縫う

縫う

貫頭衣の仕組み（『ポプラディア情報館 衣食住の歴史』2006）
弥生時代の貫頭衣の作り方を説明するために描かれた。

首飾りと腕輪（弥生人）
弥生時代に入って新たに登場したガラス製のアク
セサリーや、南海産の貝製品などの説明として作
成したイラスト。青色の管玉と勾玉を首飾りとし
てかけ、左腕には貝輪が装着されている。

首飾りと腕輪
額には貝紫色のバンダナ、頸には玉のネックレスをかけている
が、腕輪は左右で異なっている。「縄文 vs 弥生」展（2006 年）
の際に、展示解説のワンポイント用に描かれた。

中国

孔子（春秋戦国時代）

始皇帝（秦）

光武帝（後漢）

（表示以外すべて『特別展「縄文 vs 弥生」』2005）

3 時代の風景

古墳時代のくらし
葺石のある円墳を築いている風景で、左奥にはすでに完成した円墳がある。右奥には埴輪の製作工房らし
きものと埴輪を焼いている登り窯が描かれている。

飛鳥・奈良時代のくらし
市の様子を描いたイラスト。店先には農作物が並び、魚を運ぶ人もみえる。建物の屋根は板ぶきで描かれ
ている。

ポプラ社の『ポプラディア情報館　衣食住の歴史』（2006年）に使用され、各時代の生活の様子を示す扉のイラストとして描かれた。古墳時代以降の時代のイラストをまとめているが、一連のものとして描かれた旧石器時代（☞74頁上）と縄文時代（☞126頁上）、弥生時代（☞191頁上）のイラストがある。

平安時代のくらし
平安京の町屋の様子を描いたイラスト。掘立柱平地住居に、土間や板でできた突き上げ窓が描かれている。

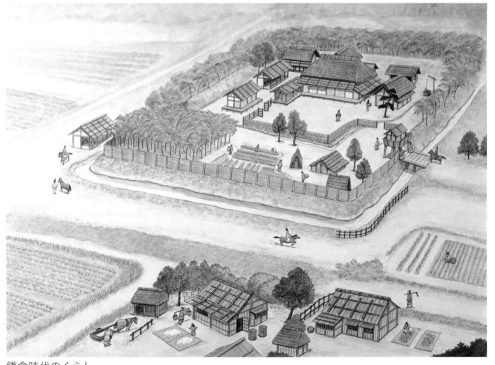

鎌倉時代のくらし
関東地方の領主の館とその周辺を描いたもの。館の周りは堀があり、門はやぐら門になっている。館の周りには数件の家来の住まいが描かれている。

（『ポプラディア情報館　衣食住の歴史』2006）

室町時代のくらし
宴会の準備をしている武家の台所の様子を描いたもの。竈に鉄釜をかけて姫飯を炊いている様子や、包丁
で鳥や魚をさばく料理人が描かれている。

安土・桃山時代のくらし
南蛮人が船から荷物を降ろす様子を描いたイラスト。カッパや帽子、カルサン、ひだえりといった南蛮
の衣服を身にまとう人々や、連れてこられたトラなども描かれている。

江戸時代のくらし
江戸の町人が住む町家の表通りを描いたイラスト。

明治時代のくらし
明治時代半ばの銀座の様子を描いたイラスト。馬車鉄道の鉄道員は洋服で、乗っている人のほとんどは着物。
シルクハットをかぶり正装した男性を乗せて走る人力車と車夫も描かれている。急な坂道を登るときに備
えて押し手がついている。

（『ポプラディア情報館　衣食住の歴史』2006）

4 明治から昭和時代の風景

牛なべ屋の様子（明治時代）
コンロの上に煮立った鍋を置き、あぐらをかいて食べる牛鍋は、一般の人々の間で流行した。

洋食屋でトンカツやオムライスを食べる人たち（明治時代）
西洋料理を日本人の口にあうように作られ値段も安かったので、一般の人々も食べに行くようになった。

玄関先に繋がれたイヌ（明治時代）
イヌには番犬としての役割があり、玄関先などに犬小屋を置いてそこにつないでいた。

エサを食べる日本ネコ（明治時代）
ネコは、家に住み着くことが多かったネズミをつかまえるという役目があったので、放し飼いにしていた。エサは魚の頭の骨などの残飯を与えられるのが普通だった。

石油ランプのほや磨き（明治時代）
ほやはすぐに汚れるので、拭いて落とすのは主に子供の仕事。

置きごたつ（昭和時代）
やぐらのなかに炭やタドン（炭の粉から作った燃料）などを載せた火箱を入れて使うこたつ。

教室に置かれた石炭ストーブ（昭和20年代）
ストーブのまわりにお弁当を置いておくと昼までにちょうどよく温まった。

Outline

『ポプラディア情報館　衣食住の歴史』（2006年）に使用されたイラスト。明治時代と昭和時代の日常生活のいくつかのシーンが描かれている。

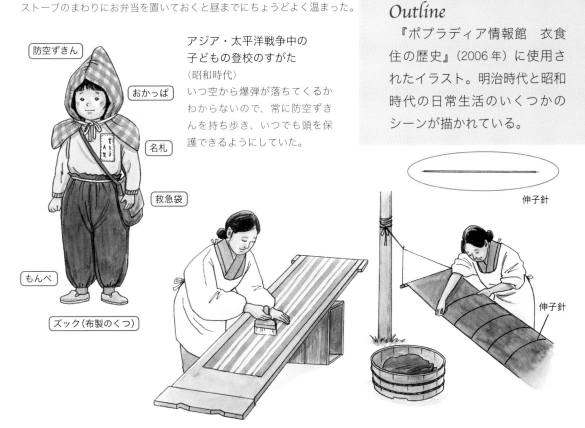

防空ずきん

アジア・太平洋戦争中の
子どもの登校のすがた
（昭和時代）
いつ空から爆弾が落ちてくるかわからないので、常に防空ずきんを持ち歩き、いつでも頭を保護できるようにしていた。

おかっぱ

名札

救急袋

もんぺ

ズック（布製のくつ）

伸子針

伸子針

洗い張りと伸子張り（昭和時代）
木綿でも麻でも少し上等の着物は、縫い目をほどいてからばらばらな布にして洗い、その布に糊付けししながら張り板に貼って乾かす「洗い張り」をしていた。縮みやすい絹は、刷毛などで丁寧に洗ってから、竹ひごの両端に針のついた伸子針をたくさん使って、布が縮まないようにして干した。

Chapter 4 その後の時代

（『ポプラディア情報館　衣食住の歴史』2006）

5 衣服の歴史

奈良時代

頭巾

頭巾

背子（からぎぬ）

笏（しゃく）

袍（ほう）

袍

腰帯（ようたい）

腰帯

太刀（たち）

白袴（しろのはかま）
襪（しとうず）

くつ

くつ

裙（も）

くつ

文官

武官

女官

左前

右前

左前と右前
718年（養老2）までは左前でも良かったが、718年からは右側の生地を上に左側の生地を合わせるようになった。

Outline

『ポプラディア情報館　衣食住の歴史』（2006年）に使用されたイラスト。奈良時代以降の服飾の歴史がわかりやすいイラストで示されている。『衣食住の歴史』にはより詳細な解説があるが、ここではイラストを紹介することにウェイトをおいて、解説はごく簡単に記載した。

平安時代

水干

袴

すいかん
水干すがた（庶民）
水干の裾を袴の中に入れて着たので、動きやすかった。

なえ烏帽子

直垂すがた（庶民）
襟を斜めに交差させて着る衣服で袖は筒袖。

庶民の女性
主に筒袖で、丈の短い小袖や帷子を着ていた。働くときはエプロンのような布を腰に巻いていた。

冠

笏

袍

太刀

表袴　くつ　袍の下に着た下襲の一部

束帯（公家）
朝廷での仕事や儀式のときに着用する正装用の衣服。何枚も重ね合わせた衣服を腰のところで帯のように束ねて着る。

烏帽子

袍

指貫

直衣（公家）
私服として用いられた。袍の色や模様、生地の種類は位に関係なく自由。

烏帽子

狩衣

狩衣（公家）
狩猟や野外に出かけるときに着る衣服。

Chapter 4　その後の時代

（『ポプラディア情報館　衣食住の歴史』2006）

201

❶白い小袖を着て
赤い袴をつける。

❷単をはおる。小袖と単は肌着。

❸袿を数枚重ねてはおる。
日常のくつろぎの装い。

唐衣

表着

裳

❺袿の上に唐衣と裳をつけると、宮廷でのふだんの
　装いとなる。袿の上に打衣と表着をはおり、
　唐衣と裳をつけると、晴れの場で着る正装となった。

❹丈の短い袿を小袿といい、一番上にはおると、
　日常生活のあらたまった衣服になった。

女房装束
平安時代、宮廷に仕えた身分の高い貴族の女性（女房）が着る衣服を女房装束といい、のちに「十二単」と呼ばれるようになった。

鎌倉時代

袿

小袖

袴

衣袴（武家の女性）
小袖と袴の上に、上着として
袿を着る。

小袖袴（武家の女性）
小袖を２〜３枚重ねて
はかまをはく。

小袖

腰布

小袖（庶民の女性）
平安時代とあまり変わらない。小袖
や帷子を着て、腰に布を巻く。色は
平安時代より豊かに。

烏帽子

菊綴
（きくとじ）

水干

くくり袴

侍 烏帽子
（さむらいえぼし）

胸ひも
（むな）

直垂

はかま

束帯（武士）
（そくたい）

将軍が最も重要な儀式に着用する正装。

水干（武士）
（すいかん）

鎌倉時代には武士の正装となり、狩衣の次に格の高い服装になった。

直垂（武士）
（ひたたれ）

平安時代には庶民の衣服だったが、鎌倉時代には武士も普段着として着るように。

打掛すがた（武家の女性）
（うちがけ）

小袖を着て帯を締めた上からさらに小袖を重ねたもの。武家の女性の間で正装として用いた。

腰巻きすがた（武家の女性）
（こしまき）

小袖の袖を通さずに腰に巻いた姿が夏の正装。

小袖
（こそで）

小袖と帷子はあらゆる階層の人々の中心的な衣服に。幅広に仕立て上げられていてあぐらをかいて座ることもできた。

肩衣
（かたぎぬ）

家紋

熨斗目
の小袖
（のしめ）

長袴

小袖

羽織

抱え帯

（切袴）
（きりばかま）

長袴（武士）
（ながかみしも）

肩衣と袴を同じ生地で仕立てた裃が武士の正装に。裾が長い長袴と組み合わせた長裃は身分が高い武士が儀式のときに着る正装。

羽織袴
（はおりはかま）

小袖に袴をはき、羽織を着た羽織袴が庶民の間にも広まった。

振り袖に抱え帯すがたの女性
（かか）（おび）

くるぶしまでだった丈が長くなって裾を引くようになり、外出時は細い帯でたくし上げて着る「抱え帯」が流行。

Chapter *4* その後の時代

（『ポプラディア情報館 衣食住の歴史』2006）

6 動物と植物

縄文時代

イノシシ
縄文時代の狩猟対象獣の代表例として描いたもの。ブタよりも毛足がながく、より精悍なイメージである。

ニホンジカ
縄文時代の狩猟対象獣の代表例として描かれた。

落とし穴猟の様子（『特別展「縄文 vs 弥生」』2005）
縄文時代草創期以降に利用された落とし穴を横断面で見たイラスト。シカがまさに落ちる瞬間である。落とし穴の底部には挿し木などの「付帯施設があるもの」と「ないもの」があるが、これは「付帯施設があるもの」をイメージして描かれている。

ハマグリ・アサリ・マガキ
縄文時代の食生活の説明のために描かれた。

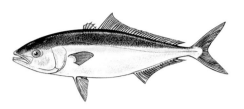

ホシザメ・ブリ
(『縄文文化の扉を開く―三内丸山遺跡から縄文列島へ―』2001)
青森県三内丸山遺跡で出土した魚骨の大部分がこの2種。

ノウサギ・ムササビ
(『縄文文化の扉を開く―三内丸山遺跡から縄文列島へ―』2001)
青森県三内丸山遺跡で出土した獣骨で多数を占めたのは
この2種だった。

マガモ（♀）
(『縄文文化の扉を開く―三内丸山遺跡から縄文列島へ―』2001)
縄文時代から食料に。江戸時代にも鳥は武士が狩猟
でとって食べられていた。

弥生時代

ブタ
弥生時代に大陸から日本列島に連れてこられた
可能性を示す際に描かれた。

ニワトリ（現在）
左：大型のもの　右：チャボのような小型のもの
弥生時代の遺跡から出土するニワトリの説明のため
に描かれた。

イイダコ
弥生時代のタコつぼによる漁の説明の際に描かれた。

（表示以外すべて『ポプラディア情報館　衣食住の歴史』2006)

Chapter 4　その後の時代

Outline

　展示図録や『ポプラディア情報館　衣食住の歴史』（2006 年）などで使用された、動物と植物のイラストをここではまとめて示した。動物は体の特徴を示すために真横から描かれているものが多い。ムササビだけが真上からのアングルだ。

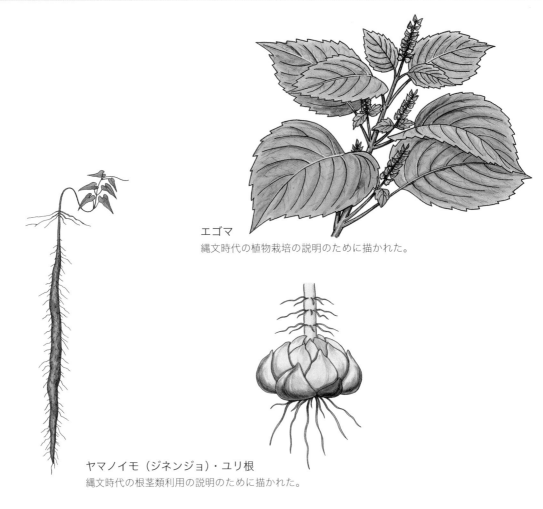

エゴマ
縄文時代の植物栽培の説明のために描かれた。

ヤマノイモ（ジネンジョ）・ユリ根
縄文時代の根茎類利用の説明のために描かれた。

ムクロジとサイカチ
平安時代の衣服の洗濯には、ムクロジやサイカチの実を煮出した液を使った。これらの実にはサポニンが含まれており、汚れを落とすのに使った。

7 古代のくらし

Outline
　これらのイラストも『ポプラディア情報館
衣食住の歴史』（2006 年）で使用されたもの
である。

掘立柱・礎石・ほぞ穴
飛鳥時代の寺院建築において、新たに伝来した礎石で柱を支える技法を紹介するために描かれたもの。掘立柱はその比較用である。また、法隆寺などでは鉄釘を使わずにほぞ穴を使って木材をつなぎ合わせる技法もイラストで紹介した。

はし
奈良時代には箸の証拠が多くみつかるようになるが、それらはヒノキ製の二本箸である。これは細く削ったタケをピンセットのように 2 つ折りにするタイプの箸を紹介したイラスト。

ヤナとヤナスを使った漁
平安時代の漁民たちは、漁獲量を増やすために漁業の仕方や漁具などに工夫をこらした。ヤスは川の瀬に杭をならべて刺す。流れの中央部に細い木や竹、アシなどを編んでつくったスノコを張るが、これがヤナス。魚はヤナスに引っかかるので、手で取る。

ウケを使った漁
ウケは細い竹を縄で編んで作ったもので、先を縄でしばり、水中に沈めておくと魚は出られなくなる。縄をほどけば中の魚を取り出すことができる仕組みになっている。

（『ポプラディア情報館　衣食住の歴史』2006）

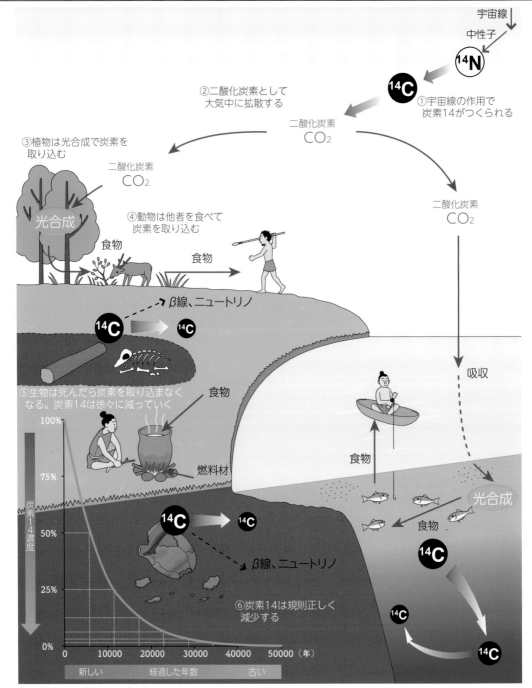

放射性炭素年代測定の概略図 （『弥生はいつから!?―年代研究の最前線―』2007。左下の半減期グラフは工藤が新たに作成したもの。）

Outline

　放射性炭素年代法は、放射性を出しながら規則正しく減少していく炭素14の性質を利用した年代測定法。宇宙線の作用で生成した炭素14は二酸化炭素CO_2となって大気中と海水中に拡散し、生物に取り込まれる様子が描かれている。生物が活動を停止すると、炭素14は一定の割合で減少するため、死後の経過年がわかる。

対談　イラストの制作と裏話

石井礼子×工藤雄一郎
ISHI Reiko　　KUDO Yuichiro

1　出会いと最初の仕事について

工藤（以下、工）　馬場悠男先生と大田陽一さん（読売新聞文化事業部）と出会う前はどのようなイラストを描いていたんですか？馬場先生の紹介では、「人の顔を艶っぽく描くのが得意」とありましたが。

石井（以下、石）　もともと絵の専門学校に行っていたときに、小説や漫画本などの表紙のイラストを描いている先生のところでアシスタントの求人があったんです。そこでエアブラシの使い方などを教えてもらいながらアシスタントをしていました。そうですね、確かに「艶っぽい人の肌」とかを描くような仕事もありました（笑）。その後、アシスタントはやめたのですが、引き続き表紙のイラストを描く仕事を自宅でしていました。

工　大田さんとはどういう経緯で仕事をするようになったんですか？

石　大田さんは勝田台（千葉県八千代市）に住んでいたので、地元の方だったんですよ。たまたま私と大田さんの共通の知り合いがいて、大田さんが読売新聞社の仕事でイラストを扱っていることを知って、私を大田さんに紹介してくれたんです。それで、大田さんから「絵を今度見せて」という話があり、勝田台駅の駅前のホテルのロビーで、イラストを見てもらったんです。

工　勝田台だったんですね！私も高校までは千葉市のはずれに住んでいて勝田台が最寄り駅でしたよ（笑）。

石　その後に大田さんから「胎児の絵を描いてみない？」（※1996年の国立科学博物館（以下、科博）「人体展」で使用）というお話があったんです。胎児の写真は展示に使うとかなり値段が高かったらしいので、それなら「イラストを」という話になったみたいです。胎児のイラストで私は試されたのですね（笑）。これが最初の仕事でした（☞45頁）。この次の仕事が、科博の「ピテカントロプス展」（1996年、①）のポスターの仕事でした（☞24頁）。

工　この仕事で、馬場先生に出会ったんですね。

石　大田さんの紹介で、いまは移転してしまった科博の新宿分館で、馬場先生と初めてお会いしたように思います。大田さんと一緒に行ったかどうかは記憶がないのですが。

① ピテカントロプス展のポスター

エ　石井さんがピテカントロプス展のポスターのイラストを描くことはそのときにはもう決まっていたんですか？

石　馬場先生と大田さんとの話し合いのなかで、そのように決まっていたのかもしれないです。でも実は後々になって大田さんに、「もし石井さんが上手くイラストを描けなかったら、イラストを描いてもらえるように、別の方にお願いだけはしておいたんだよ」って言われたんです。私がちゃんとポスター用のイラストを描けるのか、大田さんも実は不安に思っていたんでしょうね（笑）。

エ　もともと、「ピテカントロプス展」のイラストは何点くらい描く予定だったんですか？

石　とりあえずポスター用のイラストという話でした。イラストは馬場先生と大田さんとの打ち合わせで「男女が並んで肩を組むシーンなんかがいいんじゃない？」という話になり、ポーズが決まってから、ラフを描いて、少し色を付けて…。

エ　この段階でジャワ島に行ったんですね。

石　馬場先生と大田さんから、「とりあえずラフなものでいいからピテカントロプスの男女のイラストをインドネシアに持って行ってよ」と言われたんです。私は初めての海外旅行で不安もありましたが（笑）。

エ　初めての海外旅行がジャワ島だったんですね！

石　ジャワ島の研究所で、イラストのラフを見てもらって、意見をいただいたんです（②）。写真に写っている白い服のインドネシア人の先生はアジズさんとヤコブ先生です。先生たちの後ろに写っているのが、1977年に科博が開催した「ピテカントロプス展」のポスターなんですよ。このポスターは、確か辰巳四郎さんが描かれたものだと大田さんから聞いた記憶があります。

エ　ジャワ島ではいろんな場所に見学に連れて行ってもらったそうですね。

石　すごい小型の飛行機で移動して、ボロブドゥール寺院にも見学に連れていってもらったんですよ。ピテカントロプスが発掘されたサンギラン遺跡ってほんとに山の中というか、電気も通ってないようなところでした。タクシーで移動したんですが、そこからさらに歩いて、「化石はここで発掘されたんですよ」って場所まで連れていっ

②ジャワ島の研究所にて（1996年3月）
手前から大田さん、馬場先生、ヤコブ教授、アジズ研究官。右上には1977年に科博で開催した、ピテカントロプス展のポスターがかけられている。ヤコブ教授の目の前にあるのが、石井礼子さんのイラストのラフ。

てもらいました（③）。それから、ピテカントロプスが最初に発見された場所にも連れていってもらったと思います。

エ　トリニールのピテカントロプス発見の記念碑（☞ 51 頁）があるところですね。

石　日本に戻ってからは、ポスターのイラストを仕上げて、その後に走っている横向きの人類（☞ 16・17 頁）のイラストなどを図録用に描きましたね。

　当時、私は印旛村（現在は千葉県印西市）の実家に住んでいたのですが、馬場先生のいる新宿の科博に電車で通って、イラストを見てもらっていました。最初は下書きを描いて見てもらって、「ここが長い」、「ここが短い」などを馬場先生に教えてもらって、修正して、イラストをまた見てもらって、ということを繰り返しやっていたので、当時、ものすごい回数を科博まで通ったと思います。

エ　このときはかなりたくさん、合計 30 点くらいのイラストを描いていますね。一気に仕上げたんですか？

石　「ピテカントロプス展」のポスターのイラストを描いて精魂尽きていたので、そのあとは「え？ こんなに描くの??」って…（笑）。

エ　「ピテカントロプス展」のポスターは最初の大きな仕事でしたし、すごい力を入れて、相当頑張って描いたんですよね？

石　プレッシャーに押しつぶされて、もう何度お風呂に入りながら泣いたことか…（笑）。「私には大きすぎる〜〜」みたいな感じで

③ サンギラン 17 号化石が発見された場所にて（1996 年 3 月）

した。だから大田さんも「別の人に万が一の場合はイラストを描いてもらえるように頼んでおいたんだよ」って後で言うくらい、心配していたんだと思いますよ。「こいつ、ほんとに描けるのか、大丈夫か…」みたいな感じだったんだと思います（笑）。

エ　やはり、なんといってもいきなり科博の特別展のポスターですし、相当なプレッシャーがあったんですね。

石　完成したポスター用のイラストを渡した日の夜、大田さんが「いや一良かったよ、描けて良かったよ」ってわざわざ電話をくれたんですよ。大田さんもきっとほっとしたんでしょうね（笑）。

エ　ほっとしたと思ったら、大量のパネルと図録のイラストの依頼が来たんですね（笑）。それはあらかじめ聞いていたんですか？

石　どうだったかなぁ。ちょっと覚えていないんですが、馬場先生のところに何度も何度も通った記憶はあります。下書き何回も書き直して、馬場先生のところに見てもらいに行っています。そのときの下書きを見ると、やっぱり全然なっていないんですよ、顔とか。その後、馬場先生に骨のことをいろいろ教えてもらって、ちゃんと書き直した

ので、時間も相当かかっていると思います。

工　今回本を作るために石井さんからすべての原画をお借りして写真を撮ったときに、原画をまじまじと見たんですけど、原画はサイズもかなり大きいですよね。顔のイラストなんて体毛が一本一本描いてあったり（④）。これを書き直すのは相当大変でしたね。

石　そうです、大きいんです。パネルに使えるように結構大きく描いたので、エアブラシじゃないと描けません（笑）。ピテカントロプスの男女のイラストは背景が黒いから、夜中じゅうエアブラシでシューシューとやっていましたよ。

工　え？　あの黒い部分も全部色を付けていたんですか？　てっきり合成して黒く塗りつぶしていたのかと…。原画自体が黒いバックになって、それがそのまま黒い背景のポスターに仕上がっていたんですね。それは知りませんでした（※「ピテカントロプス展」のポスターに使用されたイラストの原画は現在石井さんのところにはないため、工藤は原画を未確認でした）。

石　黒い背景のなかに、男女のピテカントロプスが「ほわーん」と浮き出るみたいな感じにしたかったんです。

工　イラストの仕上げていく過程で、研究者

④「ピテカントロプス展」ポスターの
　ピテカントロプスの男性の細部（☞24頁）
　体毛まで1本1本細かく描かれている。

によってずいぶんやり方が違うと思いますが、馬場先生はかなり細かく直してくれるんですか？

石　たくさん赤が入ります（笑）。「ここはもうちょっと長く」とか。骨の模型を見せながら「ここにはこれくらい肉が付くんだよ」とか。「ここは薄い」とか、「ここは分厚く」とか。そういうのをいろいろ教えていただきながら。顔の復元模型を作っている模型制作業者さんの工房にも行きました。でも見ないで骨だけで描いているときもあったり、ケース・バイ・ケースでしたね。

工　なるほど、模型なども見ながら、筋肉の厚さや動きなどを意識して、顔のイラストを描いていくんですね。馬場先生とのやり取りのなかで、「こういう雰囲気」というような顔のイメージが決まっていくんですね。石井さんが頭蓋骨をみて、いきなりイラストを描いていくわけではないですよね？　参考となる別のイラストなどを見せてもらって進めていくんですか？

石　「ピテカントロプス展」のときは、骨だけでしたね。骨をいろんな角度から写真を撮ってきて、「ここにこのくらい肉を付けてね」というような感じですね。走る人類のイラストは、馬場先生が参考になる外国のイラストを持ってきてくれて、それを参考に描きました。

工　馬場先生自身が「こんな感じのイラストで」みたいなスケッチを描いてくれることもあるんですか？

石　それはないですね。私がまずラフを描いていって、それに赤を入れていってもらう形です。まずはこちらで素材となるラフを持っていくことからがスタートですね。修正的な絵は、馬場先生がラフのなかに描いてくれます。「こんな感じかな」ってまずは描いていって、修正なりOKをもらって、

本番用を描き始めるといった流れです。

工　イラストの案を最初に作っていくのが結構大変そうですね。

石　とりあえず、ざっと描かないと…ざっと描いての修正ですね。

工　動物のイラストもたくさん描いていますよね。動物のイラストは写真からですか？

石　「大顔展」（1999年）とかですね？自分でいろいろ資料を集めて、何点か下書きを描いて見てもらう感じです。資料集めから始まりますね。でも、「正面の馬の顔」の写真なんか無いから、実際に馬を見に行ったこともあります（笑）。それで正面からの写真を撮ったりして。トカゲとかは図鑑ですね。動物が沢山載っている本や図鑑を古本屋で探して買ってきて、それで描いていました（☞40・41頁）。

工　当時はまだインターネットはそれほど普及していなかったですしね。

石　「こういう顔の向きにしたい」という馬場先生の希望があって、それに合わせて。だいたい横か斜めが多いですかね。

工　馬場先生は結構厳しいんですか？なかなかOKが出ないというような。私と比べてどうですか（笑）？私といつもやっていたように、色を付けないラフの下書きの段階での修正ですよね？

石　動物のイラストはそれほどでもないですが、人のイラストはやはり厳しかったです。復元に関しては、肉の付き方とかいろいろあるので、たくさん修正をもらいましたね。描き直して、修正が入ればまた描き直して、といった感じですね。

工　日本人の顔のイラストについてはどうですか？あのシリーズの一番最初は「大顔展」ですよね（☞32・33頁）？港川・縄文・弥生・古墳・鎌倉・江戸・現代・未来人とありましたね。あれは科博にある人骨を参考に描

いたんですか？

石　科博には人骨がずらっとあって、それをいろんな角度から写真を撮って、各時代の人の顔を描いていきました。

工　港川人の女性のイラストがあったのを、今回はじめて知りましたよ…。どうして図録に掲載されなかったんでしょうね…（笑）。

石　あれ？港川人女性のイラストは工藤先生見たことなかったんですね。どこかに出ているのかな…（笑）。

工　人骨から顔のイメージって見えてくるんですか？私は素人なので、人骨を見てもなかなかイメージがわかないです（笑）。そこはやはり馬場先生の指導の賜物ですね。

石　科博には馬場先生のCTデータから作った頭蓋骨の模型もあったんですよ（☞48頁）。馬場先生がそれと比較しながら、「この骨」だとこういう感じになるよ」みたいに馬場先生自身のお顔で教えてくれました（笑）。あと、それっぽい人がいれば、「ちょっとモデルになってもらえませんか？」ってお願いして、角度を合わせて写真を撮って…。

工　それっぽい人はどこで見つけるんですか？

石　ご近所です（笑）。「ああ〜、なんかちょっと殿様っぽい顔をしているな〜」だとか、面長で。あと、江戸時代の町民のおばさん（⑤、☞33頁）は、実はうちの母がモデルです（笑）。

工　そうだったんですね！他に身近な人がモデルになっているイラストってありますか？

石　「大顔展」の現代人の男性なんですけど、この人は読売新聞社の人です（⑥、☞33頁）。大田さんの下で働いている若い男性がいたんですよ。ちょっと今風な顔じゃないですか。「モデルにちょっといいですか？」ってお願いして写真を撮らせてもらって。でも、モデルの人とぴったりそっくりではないんですよ。ちょっと平均的に直しながら、

⑤江戸時代人町民女性
（☞33頁）
実は石井礼子さんのお母さんが
モデルになっているそうだ。

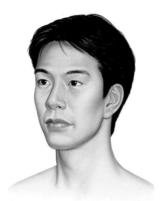

⑥現代人男性（☞33頁）
当時、読売新聞社で働いていた若
い人がモデルになった。その後、文
化事業部長にもなった方だそうだ。

イラストにしていきます。

工　縄文人とか弥生人はモデルがいたんです
　か？ これは完全に骨から想像で描いてい
　るのですか？

石　縄文人と弥生人にはモデルはいないで
　す。ただ、電車とか乗ると「ああ〜、あの
　人すごい縄文人顔だな〜」とか、「あっ！
　弥生人〜!!」とか、その頃はとにかく人の
　顔が気になって気になって仕方がなかった
　です（笑）。人の顔ばっかりみて、「あの人
　が知り合いだったらモデルになってもらう
　のになぁ」とか考えてばかりいました。

工　突然見知らぬ人に、「あなたの顔は弥生
　人っぽいのでモデルになってください!!」
　とか声かけたら、ちょっと怪しい人ですも
　んね（笑）。

石　国立歴史民俗博物館（以下、歴博）の「水
　辺と森と縄文人」展（2005年）の展示で縄
　文人のモデルになった女の子がいたじゃな
　いですか？ 工藤先生はまだ歴博に来る前
　の時だったと思います。手に水差しをもっ
　た女の子のモデルさん（⑦）。

工　図録の表紙のイラストの縄文人女性です
　か（☞178頁）？

石　そうです。このイラストは、そのモデ

ルの女の子を見る前に描いたんで
す。イラストを描いた後に似てい
るモデルの女の子を探してきたみ
たいなんですよ。「もう、描く前
に連れてきてよ〜! そしたらあな
たをよく見て描いたのに〜!!」っ
て思いましたよ（笑）。

工　歴博の図録にはそのモデルさん
　の写真載っていないんですよね。
　歴博で写真は見ました。確かに
　そっくりでしたね（笑）。西本豊弘
　先生が探して連れてきたんですか？

石　経緯はよくわからないのです
　が、「水辺と森と縄文人」展で縄
　文人の衣装を作ったときに、「絵
に似ている子がいるんですよ」って連れて
きたらしいんですけど、見たら本当に本当
にそっくりで。

工　「水辺と森と縄文人」展のイラストの縄
　文人女性は石井さんの想像で描いていたと
　いうことですね。ということは、この頃に
　は、石井さんのなかでは縄文人と弥生人の
　顔はばっちりイメージが出来上がってい
　たんですね。（※その後調べたところ、衣装を着
　たモデルさんは、展示プロジェクトメンバーの小
　林青樹先生（当時：國學院大學栃木短期大学）の
　学生さんだったことがわかり、ご本人と小林先生、
　歴博の許可をいただいて、写真を掲載させていた
　だきました。）

石　そうですね。「大顔展」のときから何度
　も描いていたので。

工　この縄文人や弥生人の顔のイラストと、
　実際にそっくりな人とかいましたか？「こ
　れ私の顔ですか？」みたいな人とか。

石　います。やっぱりいますよね…（笑）。
馬場先生が2017年にフジテレビの27時
間テレビで縄文人の女性のイラストのパネ
ルをもって、バリ島に行っていますよね。

そこで本当にこのイラストにそっくりな人がいたんですよ。馬場先生も「あなたのことを描いたみたいだよ」とか言って。本当にそっくりでした。

工　いま日本の街中を歩いている人を見て、「ああ、あの人は典型的な縄文人！」とか「弥生人！」みたいな人はやっぱりいますか？

石　いますいます。「イラストを描く前に、もっと早くあなたに出会いたかった…」って思います（笑）。

　とくにこういう顔のイラストに関わっていたときは、電車に乗ると、「じーっ」と見てしまいますね。人の顔を観察してしまいます…。この頃は、人の顔ばっかり見ていました。

7　「水辺と森と縄文人」展図録表紙イラストの縄文人女性（右、☞178頁）と同展示で縄文人女性に扮したモデルさん（左、横顔と全身）

2　国立歴史民俗博物館の仕事

工　歴博の仕事をするようになったきっかけは何だったんですか？「北の島の縄文人」展（2000年）ですか？

石　工藤先生が歴博に来たのはもっと後でしたっけ？そのころはまだ歴博にはいませんでしたか？

工　私が歴博に来たのは2009年で、もっとずっと後ですよ。一番最初に石井さんとイラストを描いたのは、2009年の「縄文はいつから!?」展ですね。展示プロジェクトメンバーだったので、歴博の教員になる前の2008年から石井さんとイラストの仕事をしていましたけど。

石　工藤先生はそんなに後だったんですね（笑）。「北の島の縄文人」展のときに、科博の松村博文先生が参加されていましたよね？たぶん科博で馬場先生とイラストを描いていたときにも、松村先生と会ってい

たんです。それで、船泊遺跡の縄文人のイラストなどを描いたんだと思います。子供の縄文人女性と鼻のない縄文人男性も描きました（☞34・35頁）。人のイラストは松村先生に見ていただいて、遺跡のシーンとかのイラストは西本先生に見ていただいていました。

　このときの縄文人や弥生人は、「大顔展」と同じイラストの再利用ではなくて書き直しているんですよ。松村先生から、「せっかくだし、もう一つ描いたら？」と言われて。そのときに衣服を追加したんですけど、「大顔展」のイラストと顔は全く同じです。

工　きっと松村先生が、「歴博の近くに住んでいてイラストを描くいい人がいるよ」みたいな感じで西本先生に紹介してくれたんですね。「北の島の縄文人」展のときは、阿部義平先生もプロジェクトメンバーに入って

いますね。そういった経緯で阿部先生はその翌年の「縄文文化の扉を開く」展（2001年）で石井さんにイラストを依頼して、監修したんですね。阿部先生や西本先生は細かいところまでこだわる人だったんですか？

石　多少は直していただいた記憶があるんですが、そんなにたくさん修正が入った記憶はないですね。「これでいいよ〜」というような感じでした。

工　歴博の仕事では、「弥生はいつから!?」展（2007年）の子供の女性のイラストがありますよね（⑧、☞178頁）。

石　この女の子も、うちの近所の子供に「ちょっとこういうポーズを取って！」とお願いして、モデルになってもらったんですよ。何枚も写真を撮ってポーズを決めました。この顔もモデルはいなくて、弥生人女性を総合的にイメージして復元しました。

工　これも総合的なイメージの弥生人だったんですね。

石　でも実は、下書きでOKもらって本番用を描き終わって、色も入れて描きあげて仕上げた後になってから、「目を細くして」って言われて直したんですよ。すごい頑張って直したんです（笑）。元のイラストは目がもっと大きくてくりっとしていたんですよ。そのときは、「ええ〜!? もっと早く言ってよ」って感じでした（笑）。

⑧「弥生はいつから!?」展で描かれた弥生時代子供の女性のイラスト（通称「弥生ちゃん」☞178頁）

工　目を切れ長な感じに直したんですね。修正する前のイラストを見てみたかったなぁ。でも色を入れてから直すのは大変ですし一番困りますね…当時の担当者は誰ったんでしょう（笑）？

石　ちょっと忘れましたが、下書きの段階で言ってほしかったですね（笑）。上を向いているから、目の上下に少し肉を足して、細くしたんだったと思います。そういえば、小林青樹先生には「もっとキャラクターっぽくっていいんじゃないかな〜」って言われましたよ。小林先生的にはもっとアニメっぽい感じでも良かったそうです。

工　この頃のイラストはみんな水彩画ですか？エアブラシは？

石　弥生ちゃんはエアブラシを使っていますね。顔だけとか、ポスターに使うような大きなイラストはアクリル絵の具でエアブラシを使って描いています。

工　最近はエアブラシ使っていないですよね？

石　そうです。工藤先生に頼まれて描いていた絵は、全部筆です。

工　エアブラシのほうが大変なんですか？弥生ちゃんが最後ですか？

石　やっぱり準備が大変です。バーンっと大きく描くのなら、広範囲を塗るにはエアブラシがいいんですが、細かい箇所はマスキングしないといけないからちょっと大変ですね。昔、小説や漫画本の表紙とか描いていたころは、全部エアブラシで描いていたんですよ。肌とかはエアブラシのほうがきれいに描けるので。顔なんてどんなに小さくてもエアブラシで描いていたんですけど、大変です。今はもうできないです（笑）。

工　沖縄県立博物館の「人類の旅」展（2007年）のときのいろんな人類の顔のイラストは（☞28〜31頁）？

石　あの人類の顔のイラストはエアブラシ

使っていますね。

工　だいたいその頃でエアブラシを使うのは終わったんですね（笑）。私が一番最初に石井さんと仕事をした縄文草創期人（2009年、☞120頁）は、エアブラシは使わず全部筆でしたね。

石　そうです。最初の打ち合わせから工藤先生が居たように思いますけど、確か名古屋大の名刺をもらった記憶があります。

工　2008年頃ですかね。まだ歴博に来る前に名古屋大でポスドクやってて、展示プロジェクト委員の一人として歴博の展示に関わっていた頃ですね。たぶん、当時まだ31歳とか、そのくらいだったと思います（笑）。

石　弥生ちゃん以降はエアブラシは使っていないですね。また顔とかを大きく描くようなことになったら使わないと描けないから、しばらく使っていないのはちょっとまずいなって気がしますけど（笑）。

工　普段はどのような感じでイラストを制作しているんですか？ ご自宅のお部屋はイラストを描くためのアトリエになっているんですか？

石　もうただ普通に机が置いてあるだけです。昔はちゃんと換気扇を付けてエアブラシを使っていました。マスクもして。実家でイラストを描いていたときには、机の目の前に換気扇を付けていたんですけどね。吸い込むと良くないから。

工　掲載依頼の多いイラストってどれですか？

石　やっぱり縄文人と弥生人の顔のイラストですね（☞32頁）。

工　イラストのお仕事があるときは、結構まとまって来ることが多いんですか？

石　昔は、展示のときに「わっ」と来て数が多かったですね。

工　この本を出したら、イラスト依頼がたくさん来てしまうかもしれないですね（笑）。

どうしましょう？

石　いまはもう無理です（笑）。

工　私も歴博の常設展示のリニューアルで、石井さんにたくさんイラストと描いてもらいましたけど、あれも時間かけて、数年かけてやりましたしね。なかなか一気には描けないですよね。普段は生花の仕事をしていて、イラストの依頼があるときだけ、時間を調整しながらイラストを描いているんですか？

石　そうですね。

工　石井さんはどちらかというと人を描くほうが得意なんですか？ 歴博の仕事では、遺跡の景観を描いたものも多く制作していますよね。

石　アップになっている人の顔のイラストの依頼が多かったので、そういう人物を多く描いてきたんですけど、西本先生や工藤先生に言われて風景的なイラストを描くことが多くなりましたね。

工　やっぱり歴博の仕事のほうで風景的なイラストが多くなったんですね。どうしても遺跡だとそういうイラストが必要になってきますしね。

石　馬場先生はやっぱり人類学ですから人の顔が中心ですね。

工　「大顔展」の頑丈型猿人のイラスト（⑨、☞27頁）が私は大好きなんですけど（笑）。

石　これ面白いですよね。馬場先生が、「顔は大きく」、「でも体は華奢に」と言うからそのとおりに描いたら、こうなってしまいました（笑）。「バランスこれでほんとに大丈夫??」って思いましたよ。

工　私も最初に見たときに衝撃的だったんですけど、石井さんも描いていてこれには違和感があったんですね。

石　もちろんですよ！だいぶ違和感ありますよね。でも馬場先生が「これだ！」って。これも下書きからちゃんと馬場先生に見て

⑨「大顔展」で描かれた頑丈型猿人の姿（☞27頁）

　もらって描き進めているので、これで大丈
夫だったんだと思います。もしダメだった
ら「直せ！」って言われているはずです（笑）。
工　イラストを制作する過程で研究者とかな
り密にやり取りをしていたのは、馬場先生
と私くらいですか？
石　そうですね。あとは西本先生のところは
かなり通いました。他のケースだと、新聞
社の担当者さんを通して研究者の方々とや
り取りするような場合もありました。「特
別展マンモス「YUKA」」のときは読売新
聞社の担当の方が、先生からいただいた写
真の資料をくれて、その資料を参考にして
描きました（☞58・59頁）。下書きの段階

で見せたら読売の方から、「先生がこれす
ごくいいって言ってましたよ！」って言わ
れて、「ああ〜良かった〜」と思った記憶
があります（笑）。
工　その先生は、私の学生時代の恩師の小野
昭先生ですよ（笑）。
石　ええっ!?　そうだったんですね！
工　ポプラ社の『ポプラディア情報館　衣食
住の歴史』のときには大量に描いています
よね。あの仕事のときは、ポプラ社の人が
間に入ってくれていたんですか？
石　ポプラ社の担当の人がよく歴博に来てく
れて、西本先生と一緒に打ち合わせしてく
れました。あと、衣服の関係は、歴博の澤田
和人先生が見てくださった記憶があります。
工　ポプラ社の本はイラストの点数が膨大
でしたしね。やはりイラストの仕事がまと
まってくると大変なんですね…。
　最後に、馬場先生になにか一言いかが
ですか？　馬場先生とのお付き合いは1995
年頃からとなると、もう30年近くになり
ますね。私はまだ13年ですけど（笑）。私
が作ったリストでは、全部で367点のイ
ラストがありますが、かなりの部分で馬場
先生が関わっていますよね。
石　馬場先生にはもう感謝しかないです。一
緒に仕事ができたことに感謝です。

左から工藤雄一郎・石井礼子・馬場悠男（2022年8月8日、学習院女子大学にて）

おわりに
考古学におけるイラストの意義

　考古学における遺跡や遺構、遺物、それらと関係した人類の行動をより深く理解するにあたって、復元イラストのもつ意義は非常に大きい。多くの遺跡、あるいは遺構や遺物は、過去の人類活動の情報のごく一部の断片であり、情報量の違いはあれど、過去を復元するにあたって完全なものが遺跡として存在することはありえない。

　考古学から得られる情報は、過去の人類活動のごくごく一部の断片にすぎない。しかしながら、緻密な発掘調査によってその断片的な情報を一つずつ積み重ねていく努力が、全国各地で年間8,000件実施されている発掘調査によって日々行われている。また、それらの考古資料について、年代測定や古環境分析、材質分析、産地同定などの様々な理化学的分析によって、ある遺跡における過去の人類活動の一つ一つの行動や場面が、次第により具体的・立体的な「イメージ」として浮かび上がってくる。もちろんそれはあくまで「イメージ」であり、実際に過去にその遺跡で「イメージ通り」の行動が行われていたかどうかは全くわからない。

　例えば、遺跡から出土した一つの縄文土器を例に考えてみよう。多くの土器は使用後に廃棄され、バラバラになった土器片となって出土する。条件がよく、ある竪穴住居内からほぼ完形の状態で出土し、接合によって器形や大きさが復元できれば、器形から土器の用途が推測できる。幸運にも、土器の外面にスス状の付着炭化物が残っていたり、土器内には炭化植物遺体が残っていたりした場合には、それらの「植物を煮炊きした土器」であ

ることはより確かになる。近くの炉跡からはクリの炭化材が多数出土していることが樹種同定によって判明するかもしれない。幸運にもこれだけの豊富な情報が揃っていれば、住居内でクリを燃料材として使って土器で煮炊きして、植物を調理・加工している縄文人の姿を描き出すことが簡単にできそうである。また、それについては大きな問題は生じないように思われる。

　しかしながら、実際にイラストにしようと思うと、様々な問題が浮かび上がってくる。もちろん、その土器に残された痕跡は、土器が使用されていた期間のうちの一番最後の痕跡が記録されているだけであり、この土器を用いた煮炊きは、必ずしも植物の調理・加工だけではないはずである点は、筆者も理解している。また、もしかしたら煮炊きは住居の外で行っていて、最後に土器を住居内に運んできただけだったのかもしれない。さらにいうと、残念ながらこの住居に何人が住んでいて、どのような性別・年代構成だったのかは、この資料からは全くわからない。土器で調理していたのはどのような人物だったのだろうか。住居内にはどのようなものが置かれていたのだろうか。調理・加工していた人物はどのような顔立ちをして、どのような衣服を身にまとっていたのだろうか。そもそもいつの季節だったのだろうか。住居の内部構造や素材はどのようになっていたのだろうか。実際にはイラストとしてシーンを描こうとすると、わからないことだらけである。

　ところが、それらの「わからないこと」が実は最も重要でもある。ストイックに考古資

料から確実にわかることだけをイラストに表現しようとすると人物や作業風景はなかなか描けないが、人がいないイラストは廃墟のような場所に見えてしまうし、人を描かずに考古資料とその動作だけ描くとまるでホラーのようになってしまい、これはこれで違和感だらけである。道具はあくまで実際に過去にその場所で生活していた「人」が使ったものであり、復元イラストは、やはり「人」を中心に描かざるをえない。

後期旧石器時代の3万8,000年前以降、日本列島で生活していた人びとは、旧石器人であろうと縄文人であろうと弥生人であろうと現代人であろうと、みな同じホモ・サピエンスである。衣服が「はじめ人間ギャートルズ」のような腰蓑のような毛皮だけであるはずがないし、衣服そのものや身体に文化的・装飾的要素がないとは到底思えない。寒冷環境や冬への適応も考慮するのは当然だ。そこで、ある程度しっかりした衣服をまとった人物をイラストに表現しようと考え、考古資料から読み取れる情報を衣服にも盛り込んだり、狩猟採集民の民族例を参考にしたりすると、どうしても民族性や文化的特徴が強く出てきてしまい、「やりすぎだ」との批判が聞こえてくる。そこで、よりシンプルなものにしようとすると、非文化的・原始的な装いになってしまい、これはこれで誤ったイメージを与えかねない。そのバランスを取ることは非常に難しい。

考古資料からは全く見えない部分をイラストに表現することは、ある意味で非常に勇気がいることでもある。自分自身、ステレオタイプなイメージしか持っていない点が多くあることを認識しつつも、割り切って指示をして描いてもらわなくてはいけない（展示図録の印刷や展示造作の作成など、イラストの完成時期が決まってしまっている場合には、諦めて「えい

やー」とお願いするしかない）。

ただ、この点も見方を変えればとても有意義である。復元イラストとして描き出すことによって、考古学・考古資料によって現状で自分自身には何がどこまで見えており、何が見えていないのかがより鮮明になるからである。

遺跡や遺物を実際に調査した担当者やその資料について熱心に分析した研究者は、他の研究者や一般の方々よりもその遺跡や遺物に対して遥かに多くの情報を持っており、遺跡における過去の生活の一場面を想像したときに、そのイメージをより大きく膨らませることができるのは言うまでもない。そして、調査・研究を通じてせっかく多くのことが理解できたのだから、本人はその到達点である「イメージ」を他者と共有したいし、他者は共有してもらえることを期待する。共有の方法は様々であるが「イラスト」はその代表的な手段である。もちろん文章として伝えたり、模型を活用することも有効である。

過去の人類活動のイメージを具体的に示す手段の一つに模型やジオラマがある。遺跡全体や遺跡で実際に行われたと推定される行動を、立体的な模型として示すことは多くの博物館で行われている。その大きさも様々であり、縮尺も1/1から1/10、1/50、1/100程度のものまで様々である。立体的な模型から得られる視覚的情報は、イラストとは本質的に異なり、立体物でしか伝えられない情報もたくさんある。しかしながら、模型やジオラマは立体物であるがゆえに細部を表現しようと思うと必然的にそれなりの大きさが必要にもなるため、制作にかかるコストが大きくなる。たとえ1m×1m程度のジオラマであっても、制作に数百万円かかってしまうことは普通にあり、制作には時間が相当にかかる。制作物の設置・保管場所の問題も発生する。

これに対して「復元イラスト」は二次元で

あり、模型やジオラマよりもよりはるかに簡易に制作できる。制作されたイラストは撮影して写真データとしてしまえば、大きさも自由に変更でき、展示パネルや図録等、用途に応じて自由に使うことができるし、場所も選ばない点は、模型と異なるイラストの最大の利点であろう。

模型を作り込む際には、まずはイラストを作ることが重要になる場合もある。例えば、筆者は国立歴史民俗博物館の常設展示リニューアル（2019年3月開室）の模型の一つとして、宮崎県王子山遺跡を資料とした縄文時代草創期の集落模型の制作を監修した。そこには、遺跡で出土した資料をもとにいくつかの場面が表現されているが、隆帯文土器での煮炊きや石皿・磨石を使った堅果類の加工のシーンは、2009年に実施した企画展示「縄文はいつから!?」の際に石井礼子さんに描いてもらった「石皿・磨石の使用のシーン」のイラストを資料とした。実物資料→復元イラスト（二次元）→模型（三次元）という流れは、ごく一般的であるように思う。まずは考古資料から得られた情報をイラストにすることは、極めて重要な研究のプロセスなのである。

もう一つ重要な点がある。イラストや模型を用いて視覚化することによって、多くの人とイメージを共有できるだけでなく、イラストや模型が検証のための具体的な資料となることである。イラスト監修者が考古資料の観察・分析・研究を通して形成したイメージを、制作されたイラストや模型を通じて批判的に検証し、議論を行う過程で、考古資料に対してさらに理解を深めることができるのである。

模型にしろイラストにしろ、制作物は監修者のその時の情報量や知識に基づいており、監修者が持つイメージ以上のことを復元イラストに盛り込むことはできない。もちろん、

石井礼子さんの長年のイラスト制作の経験によって、知識不足の筆者を常に助けていただいていることは記しておかなければならない。例えば、集落の風景的なイラストでは石井礼子さんから「子供や老人は入れなくていいんですか？」と指摘され、はっとすることが何度かあった。考古学者の立場からは、出土資料に基づいて描いてもらいたいシーンがあり、例えば道具などの出土資料を使ってその作業をしている「働き盛り世代」の人物をどのように描いてもらおうかと頭がいっぱいになってしまい、その周囲にいる子供や老人に頭が回っていないことが多々あった。ツルマメの採集のイラストも、「子供だったら自分でカゴは持たずにお母さんの持つカゴにマメを入れそうですね」という石井礼子さんのアドバイスがあり、そのまま採用させていただいて、印象的なとても良いイラストとなった。

筆者が石井礼子さんと最初に一緒に仕事をしたのは、2009年の国立歴史民俗博物館の企画展示「縄文はいつから!?」で、その際に青森県大平山元I遺跡の復元イラストを描いてもらった。現在的な視点でみると、「もっとこうしておけば良かった…」と感じることが山ほどある。大平山元I遺跡の遺跡立地を俯瞰的に描いてもらうためのイメージが筆者には十分になかったこともあり、遺跡の地形的な表現がうまく伝えられなかったり、筆者の亜寒帯針葉樹林の植生に対する知識が足りなかったため、よりリアリティのある植生景観として描いてもらうことができなかった点など、反省点は数え切れない。あのときに「もっとこの写真を参考として石井さんに渡したりできていたら…」と感じるが、筆者の2009年時点の知識・理解度以上のことはできないわけであるから、石井礼子さんには大変申し訳ないが、致し方ない部分でもある。復元イラストはそのときの理解度の到達点で

もあり、「たたき台」でもあるのだ。

　復元イラストとして視覚化されることによって、自分自身だけではなく、異なる視点を持つ研究者が見たときにイラストに描かれた（あるいは描かれていない）内容の問題点に気がつくことが多く、イラストとして視覚化されることによって、様々な研究者から多くのアドバイス（お叱りも含めて）をいただいた。イラストは研究を進展させるための「たたき台」としての役割を持っていると筆者は考えている。

　もちろん、イラストの活用に対して否定的であったり、より慎重であるべき、という意見も多くあることは筆者も重々承知している。復元イラストは視覚的にわかりやすくイメージしやすい反面、わかりやすさ故に間違ったイメージを見る側に植え付けてしまう危険性も常に孕んでいるためである。イラストとして描く場合に「考古資料からは見えない部分」を想像して描いてもらうしかないのであるが、その「想像」の部分が第三者のイメージ形成に大きな影響を与えてしまうことも否めない。

　しかし、それも含めて筆者は「たたき台」だと考えている。例えば、石井礼子さんのイラストの代表的なものに、馬場悠男先生などが監修して描かれた、化石人類や現生人類の顔のイラストがある。縄文人と弥生人の比較のイラストは、多くの方々が図書や図録で目にしたことがあるとてもよく知られたイラストであろう。また、石井礼子さんの港川人のイラストは、長年、日本列島の後期旧石器時代人の「顔」の代表的なイメージとして広く利用されてきた（☞32頁）。しかし、海部陽介氏らによる近年の港川人骨の研究によって、現代のオーストラリア先住民やニューギニアの集団に近い、より南方系のイメージのイラストが普及し、港川人のイメージが大きく変わった。これはとても重要なことで、現在の我々は、1990年代の研究の到達点と、2010年代以降の研究の到達点を、2つのイラストの比較を通じて理解することができるわけである。石井礼子さんの描いた港川人のイラストは比較資料として貴重であり、イラストそのものの重要性はいまもなお変わらないのである。

　東京都下宅部遺跡の傷跡のある縄文時代後期のウルシ杭の復元イラストについても、本書のなかで示した通り、すでに制作時とは異なる理解が千葉敏朗氏によって示された（☞142頁）。視覚化されたイラストと、その後の実験考古学的研究、出土遺物の研究の蓄積とを総合化することによって、イラストに対する「違和感」を千葉敏朗氏は感じ取ったのだ。それによって、縄文時代のウルシ林の管理・栽培の可能性に関して、「ウルシ林の間伐」という新たな視点が加わった。これは、研究の進展においてイラストが極めて重要な役割を果たした例であろう。そこで、本書では石井礼子さんの許可をもらってデジタル上での修正を行ったわけである。

　筆者が国立歴史民俗博物館で働いていた10年間で石井礼子さんに描いていただいたイラストは合計で56点ある。大平山元I遺跡や下宅部遺跡の景観復元イラストのようにA2サイズの大きなイラストから、B5サイズ程度の小さなイラスト、キャラクター的イラスト（☞223頁、奥付頁など）まで様々なものがある。本書では、それぞれのイラストを石井礼子さんに描いてもらうにあたって、筆者らが考えたり参考にした資料を示した。もちろん、筆者一人の見解ではなく、それぞれのイラストの制作には多くの共同研究者の方々に関わっていただいている。これらのイラストの中には、「ツルマメ採取」と「ダイズ栽培」のイラスト（☞144・146頁）のように、さまざまな図録や図書に頻繁に活用されるよ

くらしの植物苑ワークシート

大型の両面調整尖頭器を
装着した槍を持っている。

土器の形は隆起線文
土器をイメージ

手に持っている斧は膝柄の
局部磨製石斧をイメージ

企画展示の解説パネル

縄文人男性・女性・子供のイラスト（2009 年制作）
2009 年に国立歴史民俗博物館で開催した企画展示「縄文はいつから!?」（2009 年）の際、子供向けの解説パネルに使用した、やさしいタッチのイラスト。縄文人男性、縄文人女性のイラストは、現在国立歴史民俗博物館のくらしの植物苑で使用している「くらしの植物苑で縄文人の植物利用を知ろう」ワークシート（工藤作成）でも使用している。

うになったものもある。

　筆者が石井礼子さんと一緒に仕事をするようになる以前にも、非常に重要なイラストが多く描かれており、本書ではそれらを一つにまとめることができた。それぞれのイラストには描かれた当時の研究の進展や監修者の見解が盛り込まれているが、研究成果がさらに蓄積された現在的な視点でみると、違和感を感じるものもある（各イラストの解説のなかでそれについて少しだけ触れている部分もある）。その違和感を感じる部分こそが、「研究資料」としても重要であることは、前述したとおりである。

　石井礼子さんのイラストの特徴の一つに、写実性がある。化石人類などの顔や体つきのイラストや動物のイラストがその代表例だ

が、繊細なタッチで体毛を１本１本書き込み、表情や動作に合わせた筋肉の動きなど、本当に細かく描かれており、原画を見るとその仕事の入念さに圧倒される。そして、石井礼子さんのイラストのもう一つの特徴が「柔らかさ」である。人物のイラストも写実的でありながら表情には柔らかみがあり、どこか安心感を与えてくれる。石井礼子さんの人柄がイラストにもよくあらわれているようだ。

　これらのイラストが、今後の研究の「たたき台」として今後さらに活用されれば幸いである。また、これからも研究の進展に合わせて、石井礼子さんと一緒に様々なイラストを作っていきたいと考えている。

2022 年 10 月　工藤雄一郎

●石井礼子画・復元イラスト掲載一覧

国立科学博物館が主催・共催で開催した展覧会の図録に掲載されたイラストは、国立科学博物館が監修したものであり、各図録に監修者の名前が記されている場合は、それを一覧表には記載した。国立歴史民俗博物館の図録も同様である。なお、イラストの再利用にあたっては、初出掲載機関にお問い合わせいただきたい。

初出掲載年	初出展覧会図録・図書	掲載頁	本書キャプション	本書掲載頁
1995	『特別展「人体の世界」』馬場悠男・坂井建雄 編集、国立科学博物館・日本解剖学会・読売新聞社	74	胎児の成長過程（妊娠5週）	45
		74	胎児の成長過程（妊娠7週）	45
		74	胎児の成長過程（妊娠9週目）	45
		74	胎児の成長過程（妊娠5か月）	45
		75	胎児の成長過程（子宮内におさまった胎児）	45
1996	『ピテカントロプス展ーいま復活するジャワ原人』馬場悠男 監修、国立科学博物館・読売新聞社	10	アウストラロピテクス・アファレンシス	28
		11	ホモ・サピエンス（オーストラリア先住民）	13・31
		12	進化の道のりを走り続ける人類たち（アウストラロピテクス・アファレンシス）	16
		12	進化の道のりを走り続ける人類たち（アウストラロピテクス・アフリカヌス）	16
		12	進化の道のりを走り続ける人類たち（ホモ・エルガスター）	16
		12	進化の道のりを走り続ける人類たち（馬壩人）	17
		13	進化の道のりを走り続ける人類たち（ホモ・エレクトス（ジャワ原人、ピテカントロプス）の男女	16・19
		13	進化の道のりを走り続ける人類たち（ホモ・エレクトス（北京原人））	16
		13	進化の道のりを走り続ける人類たち（ホモ・サピエンス（港川人））	17
		13	進化の道のりを走り続ける人類たち（ホモ・サピエンス（現代人））	17
		66	ホモ・サピエンス（ペラ人）	55
		68	ホモ・サピエンス（北方アジア人）	55
		68	海を渡ったホモ・サピエンス（上）	57
		68	海を渡ったホモ・サピエンス（下）	57
		72	ホモ・サピエンス（北方アジア人）	55
		表紙	ピテカントロプスの男女（上半身）	24・50
		表紙裏	様々な人類の横顔（上）	21
		非掲載	ピテカントロプスの男女（全身）	25
		非掲載	様々な人類の横顔（右4点）	21
		非掲載	馬壩人（左向き）	17
		非掲載	マラソン（アウストラロピテクス・アファレンシス（左）・アフリカヌス（右））	22
		非掲載	マラソン（ホモ・エレクトス（ピテカントロプス））	22
		非掲載	マラソン（ホモ・サピエンス（港川人））	23
		非掲載	マラソン（ホモ・サピエンス（現代人））	23
		非掲載	重量挙げ（アウストラロピテクス）	22
		非掲載	重量挙げ（ホモ・エレクトス（ピテカントロプス））	22
		非掲載	重量挙げ（ホモ・サピエンス（港川人））	22
		非掲載	重量挙げ（ホモ・サピエンス（現代人））	22
		非掲載	槍投げ（アウストラロピテクス・アファレンシス）	23
		非掲載	槍投げ（ホモ・エレクトス（ピテカントロプス））	23
		非掲載	槍投げ（ホモ・サピエンス（港川人））	23
		非掲載	槍投げ（ホモ・サピエンス（現代人））	23
1997	『イミダス特別編集 人類の起源』馬場悠男 監修／高山博 責任編集、集英社	5	アウストラロピテクス・アファレンシス	18・21
		5	アウストラロピテクス・アフリカヌス	18
		5	パラントロプス・ボイセイ	18
		5	ホモ・エルガスター（アフリカのホモ・エレクトス）	18・20
		5	アジアのホモ・エレクトス（ジャワ原人、ピテカントロプス）	18・19
		5	ホモ・ネアンデルタレンシス	19・20
		5	ホモ・サピエンス（クロマニョン人）	19
		5	ホモ・サピエンス（現代人）	19・20
		39	火を使うホモ・エレクトス	27
		63	投槍器を使うホモ・サピエンス（クロマニョン人）	55
1997	『イミダス特別編集 縄文世界の一万年』泉拓良・西田泰民 責任編集、集英社	61	黒曜石の採掘	169
		71	縄文人女性・編み上げ風	35
		71	縄文人男性・お団子風	35
		71	縄文人男性・ちょんまげ風	35

初出掲載年	初出展覧会図録・図書	掲載頁	本書キャプション	本書掲載頁
1999	『大顔展』村澤博人・馬場悠男・橋本周司・原島博・大坊郁夫 編、国立科学博物館・日本顔学会・読売新聞社	非掲載	通常	43
		13	恐れ	43
		13	嫌悪	43
		13	幸福／喜び	43
		13	怒り	43
		13	悲しみ	43
		13	驚き	43
		18	顔と錯視	45
		24	顔と年齢のルール	44
		34	ナメクジウオ（脊索動物）	40
		34	サメ（軟骨魚類）	40
		34	サンショウウオ（両生類）	40
		35	トカゲ（爬虫類）	40
		35	イヌ（哺乳類）	40
		35	ニホンザル（霊長類）	41
		35	チンパンジー（類人猿）	41
		36	マウンテンゴリラ vs ピテカントロプス 顔のつくりの違い	25
		42	港川人男性（旧石器時代人）	13・32
		42	縄文時代人男性（中期〜晩期）	32
		42	弥生時代人男性（渡来系弥生人）	32
		43	古墳時代人男性	32
		43	鎌倉時代人男性	32
		43	江戸時代人男性（庶民）	33
		43	江戸時代人女性（庶民）	33
		43	江戸時代人男性（大名）	33
		43	江戸時代人女性（華奢な庶民）	33
		43	現代人男性	33
		43	未来人男性	33
		46	頭骨	42
		46	咀嚼筋（咬筋・側頭筋）	42
		46	咀嚼筋（内側翼突筋・外側翼突筋）	42
		47	顎関節	42
		49	顔の神経	42
		49	皮膚	42
		49	顔の血管	42
		131	頑丈型猿人の姿	27
		132	馬面なウマ	41
		132	丸顔のネコ	41
2000	『北の島の縄文人 —海を越えた文化交流—』西本豊弘 編、国立歴史民俗博物館	17	北の島の縄文人のくらし—北海道船泊遺跡—	158・159・161・163
		22	船泊人の埋葬の様子1	160
		29	縄文人男性（縄文時代後期、船泊遺跡）	34
		29	縄文人女性（縄文時代後期、船泊遺跡）	34
		32	オホーツク文化人男性	37
		32	オホーツク文化人女性	37
		34	縄文人男性（縄文時代晩期、宮野貝塚）	34
		35	弥生時代人男性（渡来系弥生人）	36
		36	古墳時代人男性	36
		40	船泊遺跡の海獣猟	164・165
		41	浜中2遺跡の海獣狩猟	165
		42	海獣の解体と加工（解体する）	166
		42	海獣の解体と加工（肉を切る）	166
		42	海獣の解体と加工（肉をゆでる）	166
		42	海獣の解体と加工（肉を干す）	166
		43	海獣の解体と加工（毛皮をなめす）	167
		43	海獣の解体と加工（毛皮を干す）	167
		43	海獣の解体と加工（脂肪をゆでる）	167
		43	海獣の解体と加工（脂肪を保存する）	167
		50	13号人骨・40代前半女性	162

初出 掲載年	初出展覧会図録・図書	掲載頁	本書キャプション	本書 掲載頁
		51	10号人骨・40代女性	162
		51	11号人骨・30代女性	162
		52	7号人骨・40代男性	162
		52	23号人骨・50代女性	162
		59	船泊遺跡の貝玉づくり（貝を割る）	163
		59	船泊遺跡の貝玉づくり（丸い形にする）	163
		60	船泊遺跡の貝玉づくり（穴をあける）	163
		60	船泊遺跡の貝玉づくり（仕上げ研磨）	163
		非掲載	船泊人の埋葬の様子3	161
		非掲載	縄文人男性（縄文時代後期、船泊遺跡）	35
2001	『縄文文化の扉を開く ―三内丸山遺跡から縄文列島へ―』 阿部義平 編、 国立歴史民俗博物館	12	6,000〜4,000年前の世界（ストーンヘンジ）	130
		12	6,000〜4,000年前の世界（北方の紅山文化の玉製の猪龍）	130
		12	6,000〜4,000年前の世界（中国の玉器文化）	130
		12	6,000〜4,000年前の世界（ピラミッド）	130
		12	6,000〜4,000年前の世界（アッカド帝国のサルゴン王像）	130
		12	6,000〜4,000年前の世界（モヘンジョ・ダロ遺跡の神官王像）	130
		12	6,000〜4,000年前の世界（縄文文化の土偶）	130
		13	6,000〜4,000年前の世界（メソアメリカのトウモロコシ）	131
		13	6,000〜4,000年前の世界（オルメカ文明期の巨石人頭像）	131
		13	6,000〜4,000年前の世界（交差した手の神殿）	131
		23	縄文人女性（縄文時代後期、船泊遺跡、子供）	34
		36	ノウサギ・ムササビ	205
		37	マガモ（♀）	205
		38	ホシザメ・ブリ	205
		40	三内丸山遺跡の大型住居内での生活の想像図	129
		50	三内丸山遺跡の大道とその周辺の想定復元図（左）	128
		56	三内丸山遺跡の広場とマツリの想像図	128
2001	『日本人はるかな旅展』 小田静夫・馬場悠男 監修 国立科学博物館・NHKプロモーション	9	アフリカからの旅立ち	54
		26	武蔵野台地の旧石器時代の環境　後期旧石器時代初頭	76
		26	武蔵野台地の旧石器時代の環境　後期旧石器時代前半〜後半	76
		26	武蔵野台地の旧石器時代の環境　縄文時代草創期	77
		29	マンモスハンターたち	60
		47	スンダランドの初期アジア人	56
		61	三内丸山の大型住居	127
		73	船泊人の埋葬の様子2	160
		77	弥生人の集落の様子を眺める縄文人	173
		79	縄文人女性（縄文時代晩期）	35・38
		83	弥生時代人女性（渡来系弥生人）	36・38
		96	古墳時代人女性	36
2002	北海道新聞	―	津軽海峡を行き来する縄文人	124
2003	『NHK 日本人はるかな旅① マンモスハンター、シベリアからの 旅立ち〜北からきた日本人の祖先』 馬場悠男・小田静夫 監修、 あかね書房	表紙	ケナガマンモス	69
		4	獲物を襲う初期の原人	26
		5	ラエトリの家族	27
		12	シベリアの大地を歩む人々	59
		16	シベリア平原を移動する人々	61
		20	北海道にたどり着いた人々	61
		28	消えたナウマンゾウ	122
		32	生き残りをかけた土器の発明	122・123
2003	『NHK 日本人はるかな旅② 巨大噴火に消えた黒潮の民〜南から きた日本人の祖先』馬場悠男・小田 静夫 監修、あかね書房	表紙	銛を使った漁をする人々	57
		19	旧石器人（港川人）の全身	75
2003	『NHK 日本人はるかな旅③ 海が育てた森の王国〜日本列島にひ ろがった縄文人』 馬場悠男・小田静夫 監修、 あかね書房	表紙	木を切る縄文人	123
		8	森に挑む知恵・福井県鳥浜貝塚の縄文人	125
		12	定住生活のはじまり・多摩丘陵の集落	125
		20	三内丸山の様子2	126
		24	繁栄を支えたまつり	130
		28	新たな生活の場を求めて	131
		32	食料確保の新しい工夫	157

初出掲載年	初出展覧会図録・図書	掲載頁	本書キャプション	本書掲載頁
2003	『NHK 日本人はるかな旅④ イネ、知られざる1万年の旅～大陸から水田稲作を伝えた弥生人』馬場悠男・小田静夫 監修、あかね書房	表紙	イネの収穫	190
2003	『NHK 日本人はるかな旅⑤ そして"日本人"が生まれた～混じりあう縄文人と弥生人』馬場悠男・小田静夫 監修、あかね書房	表紙	向かい合う縄文人と弥生人	39
2005	『水辺と森と縄文人 —低湿地遺跡の考古学—』西本豊弘 編、国立歴史民俗博物館	19	樹皮製曲物の製作工程（木に巻いて固定する）	156
		19	樹皮製曲物の製作工程（樹皮を紐でとじる）	156
		48	水場とトチノキ利用	154・155
		70	縄文人女性	178・179
		76	水辺のムラ（新潟県青田遺跡）	156・157
2005	『特別展「縄文 vs 弥生」』国立歴史民俗博物館・国立科学博物館・読売新聞社 編、読売新聞社	13	縄文のムラの一般的なイメージ	180
		13	弥生のトシの一般的なイメージ	181
		33	弥生時代と同時期の世界の人々（アレクサンダー大王）	192
		33	弥生時代と同時期の世界の人々（シーザー）	192
		33	弥生時代と同時期の世界の人々（光武帝（後漢））	193
		33	弥生時代と同時期の世界の人々（孔子（春秋戦国時代））	193
		33	弥生時代と同時期の世界の人々（始皇帝（秦））	193
		44	竪穴住居ができるまで（竪穴を掘る）	170
		44	竪穴住居ができるまで（柱穴を掘って主柱を建てる）	170
		44	竪穴住居ができるまで（棟木を通し、垂木をかける）	170
		44	竪穴住居ができるまで（樹皮、カヤなどで屋根を葺く）	171
		44	竪穴住居ができるまで（廃棄後の竪穴跡はゴミ穴などに使われる）	171
		47	落とし穴猟の様子	204
		48	板付遺跡の想像図	191
		49	縄文時代の墓	172
		74	縄文土器での煮炊きの様子	168
		81	骨からわかる運動能力（縄文人）	180
		81	骨からわかる運動能力（弥生人）	181
		89	首飾りと腕輪（弥生人）	193
		98	魚の解体と土器での煮炊き	168
		99	弥生時代の甕での煮炊きの様子	192
		118	縄文土器をつくる母子	168
		非掲載	首飾りと腕輪	193
2006	『ポプラディア情報館 衣食住の歴史』西本豊弘 監修、ポプラ社	10・11	後期旧石器時代のくらし	74
		12	ナウマンゾウ	70
		14	ヘラジカ	68
		15	旧石器時代の石器の主な使いみち(ナイフ形石器・掻器・尖頭器・細石刃)	75
		15	火起こしをする旧石器人	74
		16・17	三内丸山の様子1	126
		19	三内丸山遺跡の大道とその周辺の想定復元図	129
		23	縄文時代の平地住居	172
		24	アサリ・マガキ・ハマグリ	204
		25	エリで漁をする様子	169
		26	イノシシ	204
		26	ニホンジカ	204
		32	エゴマ	206
		32	ヤマノイモ（ジネンジョ）・ユリ根	206
		42・43	弥生時代のくらし	191
		49	石包丁による穂摘み刈りの様子	192
		50	イイダコ	205
		51	ニワトリ（現在）（左：大型のもの　右：チャボのような小型のもの）	205
		51	ブタ	205
		53	貫頭衣の仕組み	193
		56・57	古墳時代のくらし	194

初出掲載年	初出展覧会図録・図書	掲載頁	本書キャプション	本書掲載頁
		73	掘立柱・礎石・ほぞ穴	207
		74	はし	207
		77	左前と右前（左・右）	200
		77	女官	200
		77	武官	200
		77	文官	200
		84	ヤナとヤナスを使った漁	207
		84	ウケを使った漁	207
		86	水干すがた（庶民）	201
		86	直垂すがた（庶民）	201
		87	狩衣（公家）	201
		87	束帯（公家）	201
		87	直衣（公家）	201
		88	ムクロジとサイカチ	206
		88	庶民の女性	201
		89	女房装束	202
		92	衣袴	202
		92	小袖（庶民の女性）	202
		92	小袖袴（武家の女性）	202
		102	束帯（武士）	203
		103	水干（武士）	203
		103	直垂（武士）	203
		118	腰巻きすがた（武家の女性）	203
		118	打掛すがた（武家の女性）	203
		132	小袖	203
		154	長裃（武士）	203
		155	羽織袴	203
		156	振り袖に抱え帯すがたの女性	203
		180	石油ランプのほや磨き（明治時代）	198
		184	教室に置かれた石炭ストーブ（昭和20年代）	199
		185	置きごたつ（昭和時代）	198
		187	牛なべ屋の様子（明治時代）	198
		187	洋食屋でトンカツやオムライスを食べる人たち（明治時代）	198
		195	アジア・太平洋戦争中の子どもの登校のすがた（昭和時代）	199
		199	洗い張りと伸子張り（昭和時代）	199
		200	エサを食べる日本ネコ（明治時代）	198
		200	玄関先に繋がれたイヌ（明治時代）	198
		66・68	飛鳥・奈良時代のくらし	194
		78・79	平安時代のくらし	195
		92・93	鎌倉時代のくらし	195
		104・105	室町時代のくらし	196
		124・125	安土・桃山時代のくらし	196
		136・137	江戸時代のくらし	197
		166・167	明治時代のくらし	197
2007	『弥生はいつから!?―年代研究の最前線―』今村峯雄・坂本稔 編、国立歴史民俗博物館	表紙	弥生人女性	178・179
		18	放射性炭素年代測定の概略図	208
		27	九州北部の土器編年　弥生早期	176
		27	九州北部の土器編年　弥生前期	176
		27	九州北部の土器編年　弥生中期	176
		28	近畿地方の土器編年　縄文晩期	176
		28	近畿地方の土器編年　弥生前期	176
		28	近畿地方の土器編年　弥生中期	176
		29	東北地方の土器編年　縄文晩期（大洞 C_2 式）	177
		29	東北地方の土器編年　弥生前期（砂沢式）	177
		29	東北地方の土器編年　弥生中期（桝形囲式）	177
		70	西にいった亀ヶ岡	174
		71	東にいった遠賀川	175

初出掲載年	初出展覧会図録・図書	掲載頁	本書キャプション	本書掲載頁
2007	『人類の旅 ―港川人の来た道―』 株式会社トータルメディア開発研究所」製作・編集、 沖縄県立博物館・美術館	10	プロコンスル・アフリカヌス	12・28
		18	サヘラントロプス・チャデンシス	12・28
		19	アウストラロピテクス・アファレンシス	12・28
		20	アウストラロピテクス・アフリカヌス	12・29
		20	パラントロプス・ボイセイ	12・29
		20	パラントロプス・ロブストス	12・29
		22	ホモ・エルガスター	13・30
		22	ホモ・ハビリス	12・30
		23	ホモ・エレクトス（ジャワ原人、ピテカントロプス）	13・30
		23	ホモ・エレクトス（北京原人）	13・30
		24	ホモ・フロレシエンシス（フローレス原人）	13・30
		27	ホモ・ネアンデルタレンシス（ネアンデルタール人）	13・19・31
		27	ホモ・ハイデルベルゲンシス（カブウェ人）	13・31
		29	ホモ・サピエンス（カフゼー人）	13・31
		非掲載	パラントロプス・エチオピクス	12・29
		非掲載	ケニアントロプス・プラティオプス	12・29
		非掲載	ホモ・ルドルフエンシス	12・30
		非掲載	ホモ・サピエンス（山頂洞人）	13・31
2009	『縄文はいつから!? ―1万5千年前になにがおこったのか―』 国立歴史民俗博物館 編、 国立歴史民俗博物館	19	最古の土器を使った縄文人のキャンプ地―青森県大平山元I遺跡―	104～107
		33	縄文時代草創期のサケ漁のキャンプ？―東京都前田耕地遺跡―	108～111
		41	突き槍	118
		41	投げ槍（投槍器を使用）	118
		41	弓矢	119
		66	草創期の縄文人	120・121
		表紙裏	縄文時代草創期の南九州の堅果類と石皿・磨石の利用	114
		非掲載	縄文時代草創期の土壙墓への埋葬	116
		非掲載	（子どものイラスト）	奥付
		非掲載	縄文人男性・女性・子供のイラスト	223
2011	『小学館の図鑑NEO+ぷらす もっとくらべる図鑑』 加藤由子・馬場悠男・小野展嗣・川田伸一郎・福田博美 監修、 小学館	94	アルディピテクス・ラミダス	12・14
		94	アウストラロピテクス・アファレンシス	14
		94	ホモ・ハビリス	14
		94	ホモ・エルガスター	14
		95	ホモ・ハイデルベルゲンシス	15
		95	ホモ・ネアンデルタレンシス	15
		95	ホモ・サピエンス（クロマニョン人）	13・15
		95	人類の進化と脳容積の変化（猿人と現代人の頭骨イラスト）	15
2013	『特別展マンモス「YUKA」 シベリアの永久凍土から現れた少女マンモス』読売新聞東京本社 編、 読売新聞東京本社	66	植刃器を作る	58
		66	投槍器でマンモスを狙う	59
2014	『ここまでわかった！ 縄文人の植物利用』 工藤雄一郎・国立歴史民俗博物館 編、新泉社	20	水辺のくらしと豊かな森の生態系―東京都下宅部遺跡―	132～136
		24	ツルマメを採取する縄文人	144・145
		24	ダイズを利用した縄文人	146・147
		25	石器でウルシに傷を付ける縄文人	138～142
		非掲載	修正版・石器でウルシに傷を付ける縄文人	142
2014	『週刊地球46億年の旅　40　人類誕生―サルから分岐した軌跡―』 馬場悠男 監修、朝日新聞出版	18・19	ヒトとチンパンジーとの共通祖先	21
		18・19	アルディピテクス・ラミダス	21
		8・9	果物を集めてきたラミダス猿人（アルディピテクス・ラミダス）	26
2014	『週刊地球46億年の旅　43　万物の霊長ホモ・サピエンスの産声』 馬場悠男・斎藤成也 監修、 朝日新聞出版	18・19	海を渡ったホモ・サピエンス	57
2017	『さらにわかった！ 縄文人の植物利用』 工藤雄一郎・国立歴史民俗博物館 編、新泉社	173	編みかごを作る縄文人（素材（アズマネザサ）の採取）	148・150
		173	編みかごを作る縄文人（素材の水漬け・割裂き・肉削ぎ）	148・151
		173	編みかごを作る縄文人（底部を組む作業）	149・152
		173	編みかごを作る縄文人（石器による素材調整・編み上げ）	149・153
2019	国立歴史民俗博物館 総合展示第1室の リニューアル展示 （大テーマ1） 工藤雄一郎 監修	―	ホモ・サピエンス到達以前の南関東―約4万年前の花室川―	62・63・64
		―	ケナガマンモス	66・67・69
		―	ヘラジカ	67・68
		―	ヘラジカ（別アングル）	68
		―	バイソン	67・69

初出掲載年	初出展覧会図録・図書	掲載頁	本書キャプション	本書掲載頁
		―	オーロックス	67・68
		―	ハイイロオオカミ（更新世オオカミ）	67・68
		―	ヒグマ	67・69
		―	ナウマンゾウ	66・67・70
		―	ニホンムカシジカ	67・70
		―	ヒョウ（※トラ）	70
		―	ヤベオオツノジカ	67・70
		―	ニホンジカ	67・71
		―	イノシシ	67・71
		―	ツキノワグマ	67・71
		―	カモシカ	71
		―	テン	72
		―	ムササビ	72
		―	アナグマ	72
		―	タヌキ	72
		―	オオカミ	73
		―	キツネ	73
		―	ニホンザル	73
		―	ノウサギ	73
		―	環状のキャンプに集う旧石器人	78・79・81
		―	石斧のライフヒストリー（伐採に使用）	82・84
		―	石斧のライフヒストリー（研ぎ直し）	82・84
		―	石斧のライフヒストリー（皮なめしへの転用）	83・85
		―	後期旧石器時代の落とし穴	86
		―	黒曜石の山をめざす最終氷期の旧石器人	88
		―	神津島に向けて漕ぎ出す旧石器人	90
		―	良質な黒曜石を交換する旧石器人	92
		―	直接打撃	94
		―	間接打撃	94
		―	押圧剥離	95
		―	赤と黒の顔料を使った旧石器人	96・97
		―	墓と死者への祈り	98・99
		―	アクセサリーを着用した旧石器人	100・101
		―	北海道最古の土器と煮炊きの様子―大正3遺跡の爪形文土器―	112・113
2019	同（大テーマ2）山田康弘 監修	―	銛を使ったカジキ漁	124
製作年不明		―	ホモ・サピエンス（アイスマン）	121
製作年不明		―	毛皮をなめす	167
製作年不明			港川人女性（旧石器時代人）	32

ご協力者(50音順)

麻生順司，池田千春，磯部保衛，今井千恵子，太田　歩，大場正善，小熊博史，小野　昭，小畑弘己，金出地崇，上奈穂美，木内真紀子，忽那敬三，國木田大，桑畑光博，国府田良樹，甲能直樹，小林和貴，小林謙一，小林青樹，駒　透，酒井弘志，坂本尚史，坂本　稔，佐々木由香，設楽博己，島田和高，鈴木三男，瀬下直人，高宮紀子，竹内将彦，谷口康浩，千葉敏朗，堤　隆，中島　礼，永田慶典，長沼　孝，中村耕作，西本豊弘，能城修一，長谷川善和，廣野　篤，藤尾慎一郎，藤田祐樹，本間一恵，本間健司，本間幸夫，真邉　彩，矢嶋めぐみ，安永久美子，山﨑真治，山田昌久，山田康弘，吉田明弘，渡邉智子

ご協力機関 (順不同)

国立科学博物館，国立歴史民俗博物館，読売新聞東京本社，ポプラ社，あかね書房，小学館，新泉社，朝日新聞出版，集英社，北海道新聞，沖縄県立博物館・美術館

写真図版所蔵・提供・撮影

青森県立郷土館，今金町教育委員会，太田市教育委員会，小川忠博，帯広市百年記念館，鹿児島県歴史・美術センター黎明館，神奈川県教育委員会，公益財団法人千葉県教育振興財団，國學院大學考古学研究室，國學院大學博物館，国立歴史民俗博物館，佐藤雅彦，産業技術総合研究所，酒々井町教育委員会，下野市教育委員会，知内町郷土資料館，外ヶ浜町教育委員会，千葉県教育委員会，つくば市教育委員会，東京都教育委員会，長岡市教育委員会，長野県立歴史館，西之表市教育委員会，東村山ふるさと歴史館，北海道立埋蔵文化財センター，北海道立北方民族博物館，都城市教育委員会，明治大学黒耀石研究センター，明治大学博物館，横浜市歴史博物館

参考文献（刊行年順。発掘調査報告書は割愛した。）

馬場悠男・坂井建雄（編）1995『特別展「人体の世界」』国立科学博物館・日本解剖学会・読売新聞社

馬場悠男（監修）1996『ピテカントロプス展―いま復活するジャワ原人』国立科学博物館・読売新聞社

馬場悠男（監修）・高山　博（責任編集）1997『イミダス特別編集　人類の起源』集英社

泉　拓良・西田泰民（責任編集）1997『イミダス特別編集　縄文世界の一万年』集英社

村澤博人・馬場悠男・橋本周司・原島　博・大坊郁夫（編）1999『大顔展』国立科学博物館・読売新聞社

西本豊弘（編）2000『企画展示　北の島の縄文人―海を越えた文化交流―』国立歴史民俗博物館

阿部義平（編）2001『縄文文化の扉を開く―三内丸山遺跡から縄文列島へ―』国立歴史民俗博物館

小田静夫・馬場悠男（監修）2001『日本人はるかな旅展』国立科学博物館・NHKプロモーション

馬場悠男・小田静夫（監修）2003『NHK日本人はるかな旅①　マンモスハンター、シベリアからの旅立ち～北から来た日本人の祖先～』あかね書房

馬場悠男・小田静夫（監修）2003『NHK日本人はるかな旅②　巨大噴火に消えた黒潮の民～南からきた日本人の祖先～』あかね書房

馬場悠男・小田静夫（監修）2003『NHK日本人はるかな旅③　海が育てた森の王国～日本列島にひろがった縄文人～』あかね書房

馬場悠男・小田静夫（監修）2003『NHK日本人はるかな旅④　イネ、知られざる1万年の旅～大陸から水田稲作を伝えた弥生人～』あかね書房

馬場悠男・小田静夫（監修）2003『NHK日本人はるかな旅⑤　そして"日本人"が生まれた～混じりあう縄文人と弥生人～』あかね書房

西本豊弘（編）2005『水辺と森と縄文人―低湿地遺跡の考古学―』国立歴史民俗博物館

国立歴史民俗博物館・国立科学博物館・読売新聞社（編）2005『特別展「縄文vs弥生」』読売新聞社

西本豊弘（監修）2006『ポプラディア情報館　衣食住の歴史』株式会社ポプラ社

今村峯雄・坂本　稔（編）2007『弥生はいつから⁉―年代研究の最前線―』国立歴史民俗博物館

沖縄県立博物館・美術館 2007『人類の旅―港川人の来た道―』沖縄県立博物館・美術館

堤　隆 2009『旧石器時代ガイドブック』新泉社

小林謙一・坂本　稔・工藤雄一郎（編）2009『縄文はいつから⁉―1万5千年前になにがおこったのか―』国立歴史民俗博物館

堤　隆 2011『最終氷期における細石刃狩猟民とその適応戦略』雄山閣

加藤由子・馬場悠男・小野展嗣・川田伸一郎・福田博美（監修）2011『小学館の図鑑NEO＋ぷらす　もっとくらべる図鑑』小学館

八街市郷土資料館（編）2012『図解　八街の歴史』八街市

東村山市教育委員会・東村山ふるさと歴史館（編）2013『下宅部遺跡Ⅳ　漆工関連資料調査報告書』東村山市教育委員会

読売新聞東京本社（編）2013『特別展マンモス「YUKA」シベリアの永久凍土から現れた少女マンモス』読売新聞東京本社

工藤雄一郎・国立歴史民俗博物館（編）2014『ここまでわかった！縄文人の植物利用』新泉社

能城修一 2014「縄文人は森をどのように利用したのか」『ここまでわかった！縄文人の植物利用』新泉社、pp.50-69

小畑弘己 2014「マメを育てた縄文人」『ここまでわかった！縄文人の植物利用』新泉社、pp.70-89

吉川昌伸 2014「縄文人と植物との関わり―花粉からわかったこと―」『ここまでわかった！縄文人の植物利用』新泉社、pp.162-181

馬場悠男（監修）2014『週刊地球46億年の旅　40　人類誕生―サルから分岐した軌跡―』朝日新聞出版

馬場悠男・齊藤成也（監修）2014『週刊地球46億年の旅　43　万物の霊長ホモ・サピエンスの産声』朝日新聞出版

工藤雄一郎（編）2014『国立歴史民俗博物館研究報告』187（共同研究　縄文時代の人と植物の関係史）、国立歴史民俗博物館

馬場悠男 2015『私たちはどこからきたのか　人類700万年史』NHK出版

工藤雄一郎・国立歴史民俗博物館（編）2017『さらにわかった！縄文人の植物利用』新泉社

馬場悠男（監修）2018『NHKスペシャル人類誕生』学研プラス

工藤雄一郎 2019「最終氷期に生きた人々」『総合誌歴博』212、国立歴史民俗博物館、pp.4-7

吉田明弘, 2019「中部高地の黒曜石原産地周辺における過去3万年間の環境変遷」『人類と資源環境のダイナミクスⅠ旧石器時代』雄山閣、pp.51-68

國木田大 2020「北東アジアにおける土器の出現年代と食性分析」『物質文化』100、pp.5-19

原島　博・馬場悠男・輿水大和（監修）2021『ビジュアル　顔の大研究』丸善出版

馬場悠男 2021『顔の進化―あなたの顔はどこからきたのか―』講談社

■著者紹介

工藤雄一郎（くどう ゆういちろう）

1976 年千葉県生まれ。
国立歴史民俗博物館研究部考古研究系助教・准教授（2009 ～ 2019 年）を経て、
現在、学習院女子大学国際文化交流学部准教授
主な著書 『旧石器・縄文時代の環境文化史』（新泉社、2012 年）、『ここまでわ
　　　　かった！縄文人の植物利用』（編著、新泉社、2014 年）、『さらにわかった！
　　　　縄文人の植物利用』（編著、新泉社、2017 年）など。

馬場悠男（ばば ひさお）

1945 年東京都生まれ、神奈川県育ち。
現在、国立科学博物館名誉研究員、日本歯科大学客員教授
主な著書 『レジリエンス人類史』（共著、京都大学学術出版会、2022 年）、『顔
　　　　の進化』（講談社ブルーバックス、2021 年）、『NHK スペシャル人類誕生』
　　　　（監著、学研プラス、2018 年）、『顔の百科事典』（共著、丸善出版、2015 年）、
　　　　『東叡山寛永寺徳川家御裏方霊廟』（共著、吉川弘文館、2012 年）など。

石井礼子（いしい れいこ）

1967 年千葉県生まれ。
イラストレーター
雑誌の表紙イラストや挿し絵等、また国立科学博物館・国立歴史民俗博物館な
どの展覧会の復元イラストを数多く描く。

《検印省略》2022年 12月 10日　初版発行

復元イラストでみる！
人類の進化と旧石器・縄文人のくらし

著者
編集：工藤雄一郎
解説：工藤雄一郎・馬場悠男・石井礼子
　画　：石井礼子

発行者
宮田哲男

発行所
株式会社 雄山閣
〒102-0071　東京都千代田区富士見2-6-9
Te l：03-3262-3231
Fa x：03-3262-6938
URL：http://www.yuzankaku.co.jp
e-mail：info@yuzankaku.co.jp
振 替：00130-5-1685

印刷・製本
株式会社ティーケー出版印刷

ISBN978-4-639-02844-4 C0020
N.D.C.200　232p　26cm